과목별
블렌디드 러닝

실전 가이드 북

언어, 수리 탐구에서 예체능까지

과목별 블렌디드 러닝

실전 가이드 북

박점희
박찬정
양성혁
임호성
최기영

애플북스

언택트 시대가 연 미래 학교와 온오프라인 수업을 맞이하며

프롤로그

언택트 시대가 연 미래 학교에서의 온오프라인 수업

미래 교육을 이야기할 때 빠지지 않고 등장하는 장면이 있었다.

'초등학생인 주인공은 학교가 아닌 집에서, 컴퓨터가 아닌 투명한 스크린 앞에서, 교사가 아닌 AI의 설명을 들으며 학습하는 장면' 말이다. 그 시기를 돌아보면, 태블릿으로 학습하는 시범학교도 등장했다.

하지만 시범학교는 오래가지 않았고, AI가 가르치는 학교도 상상 속에서나 존재했다.

처음 코로나19가 발생했을 때만 해도 우리는 학교의 모습이, 교육의 방식이 이렇게 바뀌리라고는 예상하지 못했다. 갑작스레 맞이한 코로나19로 우리의 교육은 많은 시행착오를 겪었다. 시간이 지나면 정상화될 것이라 믿고 기다리며 개학과 수업을 뒤로 늦추기도 했고, 준비 없이 온라인 개학을 맞아 EBS에 의존하기도 했으며, 영상 제작에 어려움을 호소하기도 했다. 이러한 교육의 도움을 받을 수 없었던 강사들의 경우 수업을 포기하는 사태를 맞기도 했다.

제도적 시스템이 마련되지 않아 사회적 혼란을 겪었지만, 거의 2년이 되어가는 지금은 온라인과 오프라인을 오가며 '10년은 앞당긴 미래 교육'으로 받아들이는 추세다. 이제 아이들은 집에서 수업을 듣는 시대가 되었으며, 실시간 스트리밍 기술은 오프라인 수업을 온라인으로 옮겨놓았다. 그리고 코로나19가 종식되더라도 '온라인'의 장점을 이용하는 교육 방식은 유지될 것으로 예상한다.

가령 쌍방향 수업 도구인 줌을 이용하여 교실 수업을 온라인에서 진행하는 것과 같이 온라인 도구를 대면 수업에서 활용하기도 한다. 학습자에게 교수자의 스마트폰을 보여주며 가르치고자 할 때, 미러링이 가능한 다양한 도구를 사용할 수도 있지만 학습자에게 익숙한 줌으로 연결하면 더 편리하게 해결된다.

미래에 다가올 학교는 학습자의 안목과 역량을 키우는 공간으로 전환되어야 하고, 교사는 온라인 수업과 교실 수업을 조화롭게 구성하여 학습자가 제대로 학습할 수 있도록 돕는 '수업 전문가'가 되어야 한다. 그러기 위해서는 다양한 디지털 수업 도구 가운데 교과별 특성에 맞는 것을 가려내 온라인 수업의 만족도를 높일 필요가 있다.

이 책은 많은 수업 전문가 선생님들 중에서 디지털 미디어를 잘 다루기 보다는 오프라인 수업을 온라인에서도 재미있게 진행하는 선생님들과 함께 작업하였다. 그러한 점에서 교사의 실재감을 높인 과목별 블랜디드 러닝 교과서라 할 수 있다.

담당 교과목을 바탕으로 연구하고 실천해온 다양한 수업 사례를 아낌없이 공유해 주신 선생님들께 감사드린다.

대표저자 박점희

차례

1장
오프라인 학교에서 온라인 교실로

코로나19로 인해 사회적으로 많은 변화가 있었다. 학교 현장에서 가장 눈에 띄는 것이 온라인 개학이다. 2020년 3월 초, 사회적 거리두기 실시로 각 학교들의 등교가 연기되면서 유례없는 온라인 개학이 도입된 것이다.

미처 준비되지 않은 교육 현장에 대한 우려와 함께 찬반 의견이 엇갈렸으며, 공교육에서는 지금까지 경험하지 못했던 새로운 방식의 수업을 하게 되었다. 학생들을 잘 통제하고 학습에 몰입할 수 있도록 만든 학교라는 물리적 공간을 떠나, 시공간이 자유로운 뉴미디어 안에서 온라인 수업을 시작했다.

잠깐이면 될 줄 알았던 온라인 수업이 1년 이상 연장되었지만 물리적 공간인 학교로 전면 돌아가는 것은 아직 쉽지 않아 보인다. 그리고 이러한 현상을 겪으면서 교육계는 코로나19 이후에도 온라인을 활용한 교육이 연계될 것이라고 전망한다. 이러한 바람을 타고 4차 산업혁명과 함께 메타버스에 탑승하여 온라인 개학과 졸업 등 다양한 행사를 펼치고 있다.

온라인 학교와 교실 만들기

어떤 학교를 만들 것인가?

코로나 이전까지 학교 수업은 지붕이 있는 물리적 건물에서 이루어졌다면, 이제는 시공간 제약이 없는 온라인 공간에서 진행되고 있다. 집이 바로 학교인 시대가 된 것이다.

교육부는 노후 학교 개선 사업으로 디지털 교육 기반의 친환경 교육 공간으로 재단장하는 '그린스마트 미래학교' 사업을 추진 중이다. 온라인 학습의 장점을 결합한 친환경 교육 공간, 온라인 수업을 위한 스튜디오 등을 갖추고 어디에서나 디지털 기기를 활용해서 온오프라인 융합 수업이 가능한 환경 구축을 추진하고 있다. 그렇다면 온라인 학교는 어디에 어떤 형태로 만들어야 할까?

알고 보면 이미 학교마다 누리집이라는 온라인 공간을 하나씩 가지고 있다. 하지만 누리집 속에 교실을 두기에는 서버 용량에 문제가 있다. 그렇기 때문에 대부분 온라인 학교를 위한 공간을 새롭게 찾아야 한다.

코로나 확산이 완화되어 교차 등교가 부분적으로 이루어지고 있지만 온라인 수업도 병행하고 있기 때문에 학습자들이 온라인상에 모일 수 있는 공간은 필요하다. 우리는 이미 EBS 온라인 클래스, 구글 클래스룸, MS 팀즈, 네이버 밴드 등의 다양한 플랫폼을 경험했다.

이전에는 가장 먼저 사용된 미디어, 교수자가 사용하기 편리한 미디어, 이용한 경험 노하우가 많은 미디어가 학교와 교실에서 선택되었다. 하지만 누구도 경험하지 못한 상황에서 개학을 맞이한 지금은 지역과 학습자 그리고 교수자가 가르칠 과목의 특성 등을 고려하여 수업 공간을 마련해야 하므로 앞으로도 온오프라인을 병행하여 꾸준히 사용할 수 있는 미디어 공간이 필요하다.

e-학습터

e-학습터는 한국교육학술정보원에서 운영하는 온라인 서비스로, 전국 16개 시도교육청에서 개별 운영하던 온라인 학습을 하나로 모은 공간이다. 2015 개정 교육과정 중심의 학습 자료와 평가 문항이 제공되며 초중등 학습자에게 적합하다.

e-학습터

🔍 e-학습터

접속(https://cls.edunet.net/) ▶ 해당 권역 선택 ▶ 에듀넷·티-클리어 발급 계정 선택 ▶ 교사 계정으로 로그인 ▶ 해당 학급으로 이동 ▶ 화상수업 개설 ▶ 조회·종례용 화상수업 ▶ 강좌별 화상수업 등록 ▶ 주제별 화상수업 등록

🔍 화상수업

'수업시작' 클릭 ▶ 수업에 활용할 영상 설정 ▶ 화면 공유 설정 ▶ 오디오 공유 설정 ▶ '방송영상 목록' 클릭 ▶ 주화면, 부화면 설정 ▶ 둘러보기 기능을 사용하여 학생을 보며 수업 진행 ▶ 문서공유 기능으로 학습자료 공유 ▶ 화면필기 기능으로 판서 가능 ▶ 채팅으로 학생과 소통 가능 ▶ 화면녹화 기능으로 수업을 저장 ▶ 퀴즈와 설문조사 기능으로 수업 진행 가능

위두랑

위두랑은 에듀넷·티-클리어에서 제공되는 온라인 수업 커뮤니티 서비스로 디지털 교과서와 더불어 개발된 프로그램이다. 교수자와 학습자가 각각 에듀넷에 회원가입을 한다. 교수자는 나이스 인증서를 통해 교수자 인증을 받고, 학습자의 경우 보호자 동의가 필요하다. 교수자가 클래스를 개설하고, 학습자는 클래스 검색에서 학교 이름으로 검색하거나 교수자의 초대를 통해 수업에 참여할 수 있다.

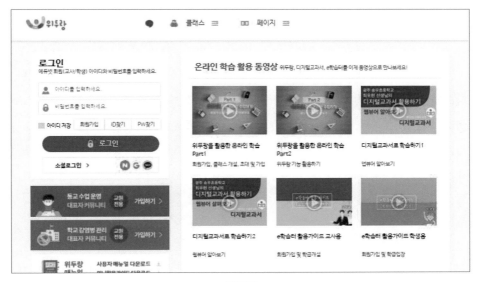

위두랑

🔍 위두랑

에듀넷·티-클리어(http://www.edunet.net) 회원가입(교사는 전자서명 인증서 등록) ▶ 위두랑(https://rang.edunet.net) 접속 ▶ 지역 선택 ▶ 에듀넷 아이디 나 소셜 아이디로 로그인

🔍 클래스 개설

'클래스 개설' 클릭 ▶ 클래스 이름 입력(개설 후 수정 가능) ▶ 학교 추가 ▶ 가입 방식(클래스 가입 절차) ▶ 게스트 권한 설정 ▶ 학교급, 학년, 교과 선택 ▶ 클래 스 복사 선택 ▶ 클래스 선택 ▶ 멤버 초대(링크, 초대 코드 등)

EBS 온라인 클래스

EBS 온라인 클래스는 한국교육방송공사에서 제공하는 온라인 학습 서비스로 학교를 선택한 후 학교별 서버에서 이용할 수 있다. 학습자 개인의 이름으로 EBS 회원가입 후 온라인 클래스에 가입하면 학교 혹은 학급 선생님이 승인하는 방식 이다.

🔍 EBS 온라인 클래스

EBS 온라인 클래스(https://ebsoc.co.kr/) 접속 ▶ EBS 통합 회원가입 ▶ 회원정 보 수정 ▶ 교사 인증

📍 클래스 기능

온클웨비나로 실시간 쌍방향 화상수업 가능

퀴즈, 설문, SMS, TALK 채팅 등 소통 기능

동영상 편집 기능

클래스, 학생 관리 기능

통계 관리 데이터 제공

구글 클래스룸

구글 클래스룸은 클라우드 기반의 플랫폼으로 저장 공간을 무제한 사용할 수 있다. 관리자가 교수자와 학습자 계정을 일괄로 만들어 사용한다. 학습자 계정의 경우 '연도+학번'을 중심으로 구성하는 것이 관리에 편리하며, 외부 강사에게도 같은 방식으로 계정을 제공한다. 이때 교수자와 강사는 지도자 계정과 학습자 계정 모두 가지고 있으면, 지도자가 올린 자료가 학습자에게 어떻게 보이는지 확인할 수 있다.

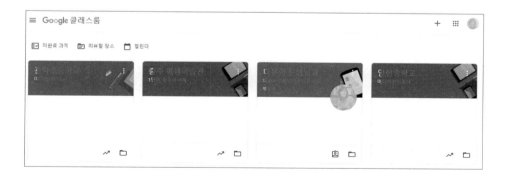

🔍 구글 클래스룸

구글(www.google.co.kr) 접속 ▶ 오른쪽 상단 구글앱 클릭 ▶ 클래스룸 선택 ▶
계정 선택 ▶ 수업 만들기 ▶ 수업 이름, 부제, 제목 입력 후 만들기 클릭 ▶ 학생
수업 코드 보내기

🔍 클래스 기능

구글 미트를 연결하여 실시간 쌍방향 화상수업 가능
과제, 퀴즈 과제, 질문, 자료, 게시물 재사용 가능

네이버 밴드

　네이버에서 운영하는 플랫폼으로, 비디오 기능으로 라이브 수업이 가능하고, 라
이브 영상을 바로 게시할 수 있으며, 영상별로 시청한 학습자를 관리할 수 있다.
또한 비디오 콜 기능을 활용하여 쌍방향 수업 진행도 가능하다. 출석 체크 기능도
있고, 글쓰기와 댓글 기능을 활용해 과제와 학습 평가도 가능하다.

플랫폼	회원가입	출결 및 학습 관리
e-학습터 (고등학교 X)	학습자-회원가입 교수자-가입 신청 승인	출결 확인 가능 진도 확인 가능
EBS 온라인 클래스	학습자-EBS 회원가입 교수자-가입 신청 승인	출결 확인 가능 진도 확인 가능
위두랑	학습자-회원가입 후 학급 찾기 교수자-학습자 초대와 승인	출결 확인 가능, 알림장 운영 진도 및 과제 제출 확인 가능
구글 클래스룸	교수자-학습자 계정 생성 및 배부	출결 확인 가능 퀴즈와 설문 가능 과제 제출 기한 설정 가능
네이버 밴드	학습자-밴드에 가입 교수자-밴드 개설 후 학습자 초대	출석 체크 가능 과제 제출 확인 가능

플랫폼	수업 방식	평가 방식
e-학습터 (고등학교 X)	e-학습터 자체 강의 영상 교수자 제작 영상, 유튜브 파일 업로드 가능(100MB 제한) 화면필기(판서) 가능 채팅 가능	수업 평가용 문항 제작 가능
EBS 온라인 클래스	EBS 자체 강의 영상 교수자 제작 영상 유튜브 퀴즈 가능 실시간 쌍방향	수업 평가용 문항 제작 가능 퀴즈, 객관식, 토론 제공
위두랑	디지털 교과서 e-학습터 자체 강의 영상 교수자 제작 영상 유튜브	수업 평가용 문항 제작 가능
구글 클래스룸	교수자 제작 영상 유튜브 파일 올리기 실시간 쌍방향(구글 미트)	수업 평가용 문항 제작 가능 과제별 점수 부여 가능
네이버 밴드	교수자 제작 영상 실시간 쌍방향	없음

온라인 교실, 환경 구성

어떤 교실로 구성할 것인가?

온라인 교실은 기존 대면수업 교실과 같은 형태를 유지해야 할까? 다음 사례를 보며 이야기해 보자.

각 학년마다 3개 반으로 이루어진 초등학교는 교실을 구성하는 단계에서 다음과 같은 고민을 했다.

① 각 반마다 1개의 온라인 교실을 구성한다.
⇨ 이 경우 1~6학년까지 각 3개의 반이므로 18개의 교실을 만든다.

② 한 학년을 1개의 온라인 교실로 구성한다.
⇨ 이 경우 1~6학년까지 각 1개의 반이므로 6개의 교실을 만든다.

①과 ②로 구성했을 때 각각의 장단점을 생각해 보자.

①의 경우, 기존 교실과 같이 담임교사 한 명이 20~30여 명의 학습자를 관리하며 수업을 진행하는 구조다. 반면 ②의 경우 학습자 관리는 각 반 담임이 각자의 역할을 수행하고, 수업은 파트를 나누어 진행하도록 구성되어 있다. 한 반을 30명이라고 가정했을 때, 90명의 학습자가 한 공간에 접속하여 수업을 듣는 형태로, 학습자 수가 많지 않은 학교에서 실시해 볼 수 있다.

두 교실의 특징을 정리해 보면 다음과 같다.

	①번 교실	②번 교실
학습자 관리	담임은 소속된 학습자만을 관리한다.	각자 맡은 반의 학습자 관리를 책임진다.
교수 방법	한 명의 담임 교수자가 한 반을 맡아 전체 과목을 지도한다.	한 학년의 교수자들이 과목을 나누어 가르친다.

교수자의 입장에서 보면, ①의 경우 교수 방법 및 학습자 관리를 담임의 특성에 맞게 운영할 수 있다. ②의 경우 다른 교수자와 수업 부담을 나눌 수 있다.

학습자의 입장에서 보면, ①의 경우 같은 반 학습자들이 모여 있으므로 반에 대한 단결력이 좋고, ②의 경우 많은 친구들의 의견을 들을 수 있다.

②의 교실 형태로 운영하고자 한다면, 온라인 수업을 위한 플랫폼이 제공하는 서비스에 대해 확인할 필요가 있다. 플랫폼들은 한 번에 초대할 수 있는 인원의 수, 하루에 올릴 수 있는 수업 자료의 수, 동시에 접속 가능한 최대 수용 인원 등 제공하는 서비스가 각기 다르다. 그러므로 ②와 같은 수업을 고려한다면, 최대 수용 인원을 사전에 확인해야 하며, 동시에 많은 학습자가 접속하더라도 서버가 안

	학습자 관리	
e-학습터	실시간 화상수업 가능	최대 수용 인원 49명
EBS 온라인 클래스	영상 20분 이하(최대 400MB) 강좌 가져오기: 1회 5개 제한	최대 수용 인원 제한 없음
위두랑	영상 1.0GB 이하	*
구글 클래스룸	개설 가능한 수업 제한 없음	구글 미트 최대 1천 명 제한
네이버 밴드	한 번에 2시간까지 가능	최대 수용 인원 제한 없음

정화되어 있어야 한다.

어떤 형태의 수업을 할 것인가?

교육부는 온라인 수업에 대해 다음과 같은 3가지 유형을 제시했다.

첫째, 실시간 쌍방향 수업은 줌이나 구글 미트 등 실시간 화상회의 플랫폼을 이용하여, 하나의 창에서 참여자의 얼굴을 보며 진행하는 방식의 온라인 수업을 의미한다. 실시간 수업의 장점은 대면수업과 가장 유사한 형태로 서로 상호작용할 수 있다는 것이다.

둘째, 콘텐츠 활용 중심 수업은 동영상 등으로 제작된 수업 자료를 전달하는 방

실시간 쌍방향 수업	• 실시간 플랫폼을 이용하여 상호작용을 주고받는 수업 • 토론 및 소통 등 즉각적 피드백을 장점으로 함	줌, 구글 미트, 웹엑스, 스카이프, MS 팀즈 등
콘텐츠 활용 중심 수업	• 미리 녹화된 강의 자료(영상, 애니메이션, 드라마, 뉴스, 게임, 음악, 책 등의 콘텐츠 사용)로 학습	e-학습터, 구글 클래스룸, EBS 온라인 클래스, 위두랑 등
과제 수행 중심 수업	• 교수자가 제시한 온라인 과제(조사하기, 글쓰기, 그리기, 만들기 등)를 수행하고 피드백 받음 • 콘텐츠와 함께 제공되기도 함	*

식이다. 현재까지 일반화된 유형은 EBS의 인터넷 강의와 같은 형식이다. 학습자에게 시간의 자율성을 허락한다는 장점이 있다.

셋째, 과제 수행 중심 수업은 학습자에게 과제를 내주는 수업으로 장점은 학습자 주도의 학습을 할 수 있다는 것이다.

하지만 온라인 수업이 위의 3가지 유형 중 한 가지만으로 이루어지는 것은 아니다. '실시간 쌍방향 수업 + 과제 수행 중심 수업'으로 진행되거나, '콘텐츠 활용 중심 수업 + 과제 수행 중심 수업'의 형태로 이루어지는 것이 보통이다. 교수자가 가르치고자 하는 내용에 따라, 또는 학생들의 집중도나 참여도에 따라 선택된다.

03 온라인 수업을 위한 도구

실시간 쌍방향 수업 도구 - 줌

실시간 쌍방향 수업 도구인 줌, 구글 미트, 웹엑스, 짓시미트는 사용 방법이 거의 유사하다. 여기에서는 많이 사용되고 있는 줌을 살펴보자. 줌을 사용하기 위해서는 컴퓨터나 스마트폰 등에 줌 프로그램이 설치되어 있어야 한다. 줌의 첫 화면은 아래와 같다.

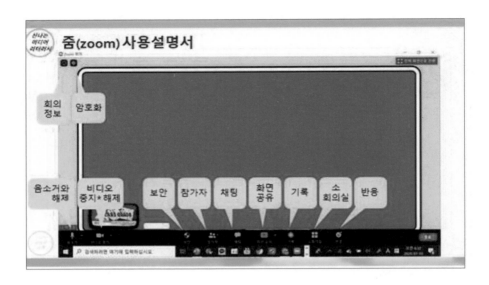

수업을 시작하는 교사는 주황색 카메라 버튼을 클릭하고, 학생은 파란색에 +가 있는 버튼을 클릭하여 아이디와 암호를 입력하면 된다. 물론 학생의 경우 교사가 보내준 링크로 접속해도 된다.

줌의 기능은 버튼을 하나씩 클릭해 보면 더 자세히 알 수 있다. 교사의 경우 https://zoom.us/에서 더 많은 설정을 바꿀 수 있다.

실시간 쌍방향 수업에서는 자신의 모습을 드러내는 것이 기본이다. 하지만 교사가 별도로 요청하지 않으면 비디오를 끄는 학습자들이 대부분이다. 이때 교사는 학습자가 다른 일을 하고 있다고 생각하기 쉽다.

하지만 학습자는 내 얼굴이 카메라를 통해 보여지는 것에 대해 부담을 느낀다. 이는 다양한 '줌 피로' 중 하나로, 화면 뒤로 드러나는 집 안 풍경 등에 불편함을 느끼거나 화면을 오래 볼 때 나타나는 스트레스 때문이다. 그러므로 학습자가 자연스럽게 얼굴을 드러낼 수 있도록 대안을 제시해 주어야 한다.

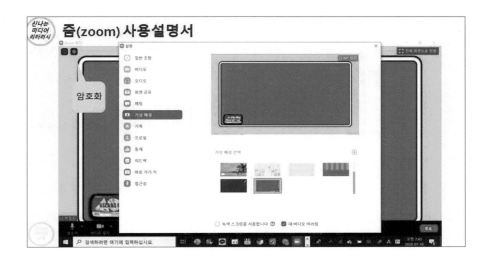

💡 가상배경 사용하는 방법

① '비디오 중지' 옆의 꺾쇠 클릭

② '가상배경'을 클릭하여 설정 창 오른쪽 가상배경 중에서 선택

　(더 많은 배경을 원한다면 오른쪽 +를 클릭하여 추가)

③ '비디오 필터'를 클릭하여 설정 창의 비디오 필터 중에서 선택

　・(얼굴에서 가리고 싶은 부위에 해당하는 비디오 필터를 선택. 가령 새집 진 머리

　모양을 가리고 싶다면 머리띠를, 얼굴의 일부를 가리고 싶다면 마스크를 선택)

④ 교사의 가상배경은 수업을 위한 과목과 학습 목표 안내, 학습자와 정한 약속 등

　을 담아서 만듦

⑤ 그럼에도 비디오를 열 수 없는 학습자 파악하기

실시간 쌍방향 수업에서 가장 중요한 것은 상호작용이다. 교실에서는 눈을 마주치고 음성으로 대화를 주고받으며 소통했다면, 줌에서는 '음소거 해제'와 '채팅' 그리고 화면에 몸동작으로 표현하기 등이 가능하다. 음성으로 소통하는 것만을 상호작용이라고 생각한다면, 학습자에 따라 또 다른 피로감이나 지루함을 느낄 수도 있다. 그러므로 다양한 방법을 사용하여 상호작용할 수 있도록 한다. 관련된 내용은 뒤에서 자세히 다루도록 하겠다.

💡 줌으로 화면 공유 시 학습자 얼굴을 보는 방법

① 줌 화면 구성 변경

　　교수자가 공유한 화면 내용을 어느 정도 기억한다면 공유 창의 크기를 줄여서 학습자 보기가 가능하다.

② 한 대의 모니터를 분할하여 사용(화면 공유 시 전체 창으로 하지 않음)

　　줌 설정 ▶ 화면 공유 ▶ 현재 크기 유지 ▶ 애플리케이션 공유에서 개별 창 공유 선택 ▶ 회의에서 내 화면을 공유할 때 모든 공유된 옵션 표시 선택

③ 여러 대의 미디어 사용(만일의 상황에서도 유용하게 쓰임)

　　주 수업은 컴퓨터로 진행, 학습자 상황은 다른 미디어(스마트폰, 태블릿, 컴퓨터 등)로 확인

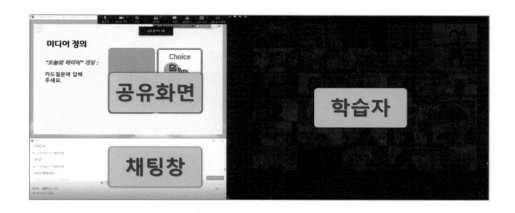

　음악과 같이 소리를 중심으로 수업하는 경우에는 다음과 같이 설정을 변경하면 소리가 끊기지 않고 잘 들린다.

💡 소리가 끊기지 않고 잘 들리도록 하는 방법

① 스마트폰이나 태블릿의 경우

　'설정' 클릭 ▶ 프로필 아래 '회의' 클릭 ▶ 원음 사용을 활성화하기

　(원음 사용을 활성화하면 소음 억제를 위해 설정을 끄게 된다.)

② 컴퓨터의 경우

　줌 메인 화면의 설정 또는 오디오 꺽쇠 클릭 ▶ 오디오 중 '볼륨 자동 조정'에서

　'배경 소음 억제'를 '낮음'으로 변경 ▶ '음악 및 전문가용 오디오'에서 '회의 중

　옵션에 원음 켜기 표시' 클릭 ▶ '에코 취소' 클릭

실시간 쌍방향 수업 도구 & 콘텐츠 활용 수업 도구 - 네이버 밴드

네이버 밴드를 활용한 실시간 쌍방향 수업을 위해서는 컴퓨터나 스마트폰에 네이버 밴드가 설치되어 있어야 한다.

우선 수업을 위해 '밴드 만들기'를 해야 한다. 수업을 위한 밴드는 '우리반, 취미 동호회, 학교 동아리, 스터디' 등의 주제를 선택하여 만든다. 물론 '가족, 어린이집'과 같은 다른 주제도 상관없다.

밴드는 '라이브 방송'이라는 이름으로 실시간 쌍방향 수업을 위한 도구를 제공한다. 라이브 방송으로 수업하기 위해서는 다음과 같은 사항을 인지하고 설정을 변경해야 한다.

📍 밴드에서 강의를 위한 설정 변경

① 내가 만든 밴드에서 강의하는 경우

내가 만든 밴드에서는 '라이브 방송'이 보이므로 다른 설정이 필요하지 않다.

② 타인이 만든 밴드에서(또는 내가 만든 밴드에서 타인이) 강의하는 경우

타인이 만든 밴드에서는 '라이브 방송'이 보이지 않는다. 그러므로 다음과 같이 설정을 변경한다.

설정 ▶ 공동리더 관리(교수자를 공동리더로 만들기) ▶ 멤버들의 권한 설정 ▶ 라이브 방송(리더만 ▶ 리더와 공동리더) 변경 ▶ 저장

밴드에서의 상호작용은 라이브 방송 중 '메시지 입력' 창이나 게시글 아래 댓글을 통해 이루어진다. 메시지 입력 창은 주로 교수자와 학습자가 질문과 대답을 주고받거나, 학습자가 수업과 관련하여 자신의 생각을 기록하는 용도로 사용된다. 하지만 메시지 입력 창에 글이 올라오면, 수업 영상의 일부가 글자로 가려지는 문제가 있다. 그러므로 교수자는 학습자료를 만들 때 고려하여야 하고, 학습자에게 글을 올리는 타이밍과 관련하여 주의를 주어야 한다.

게시글 아래 댓글 창은 라이브 방송 중에 사용하기는 불편하지만 방송 중에 못한 이야기를 나누는 도구로 좋다.

밴드 라이브 강의는 스마트폰과 컴퓨터를 이용하여 진행할 수 있다. 첫째는 스마트폰의 카메라가 교수자의 모습을 담을 수 있도록 설치하여 진행하는 방법이다. 이 경우 판서를 하는 수업에 적당하다. 둘째는 밴드 PC 버전을 이용하여 문서를 공유하며 수업하는 방법이다. PC 버전으로 라이브 방송을 하기 위해서는 'Prism Live Studio', 'OBS Studio', 'XSplit Broadcaster'와 같은 인터코를 설

치해야 한다. 그리고 스트림 URL과 스트림 키를 발급받아 복사한 후 인코더에 붙여 넣으면 된다. 이렇게 방송하면 문서나 영상을 깨끗하게 공유할 수 있다. 하지만 과정이 조금 복잡하고 시차도 다른 도구에 비해 긴 편이다. 이러한 단점을 보완하기 위해 스마트폰을 컴퓨터 화면으로 향하게 한 후 강의할 수 있다. 이 경우 화면에 어른거림 현상이 발생할 수 있으므로, 문서의 바탕색을 흰색으로 하지 않는 것이 좋다. 또한 스마트폰의 카메라 성능이 너무 좋은 것도 피해야 한다. 카메라가 화면을 잡느라 초점이 왔다 갔다 하는 떨림 현상이 발생하기 때문이다.

네이버 밴드는 콘텐츠 활용 수업 도구로도 사용된다. 밴드의 기본 기능인 글쓰기를 통해, 사진, 동영상, 투표, 파일, 출석 체크, 퀴즈, 설문, 지도 등 다양한 형태로 자료를 업로드할 수 있다. 또한 댓글 쓰기 기능을 이용하여 글쓰기는 물론 사진, 동영상, 파일 업로드로 상호작용을 할 수 있다.

콘텐츠 활용 수업 도구 - 구글 클래스룸

구글 클래스룸은 구글이 제공하는 다양한 앱 기능 중 하나로 구글 아이디만 있으면 사용 가능하다. 교수자가 개인적으로 클래스룸을 개설할 수도 있지만, 학교 같은 교육기관에서 개설하여 온라인 학교로 사용하는 경우가 많다.

구글 클래스룸 오른쪽 상단의 + 버튼을 클릭하여 '만들기'를 선택하면, '학교에서 학생과 함께 클래스룸을 사용하시나요?'라는 공지가 나온다. 학교가 무료 G스위트(G Suite) 계정에 가입해서 클래스룸을 사용할 경우 개인정보 보호 및 보안 기능을 추가로 제공하겠다는 안내이다.

구글 클래스룸에서 +를 클릭하여 '수업 만들기' 또는 '수업 참여하기'를 선택할

수 있다. 교수자는 수업 만들기로 들어가서 학습자에게 제공할 내용을 기록하면
된다.

아래부터 주제 – 게시물 재사용 – 자료 – 질문 – 퀴즈 과제 – 과제로 구성
되어 있다. 맨 아래에 있는 주제부터 위로 올라가며 순차적으로 작성하면 쉽다.

💡 수업을 만드는 메뉴 소개

① 주제 : 콘텐츠의 주제라기보다 과목의 목차 중 하나라고 보면 된다.

② 게시물 재사용 : 주제에 담을 내용을 이전에 다른 곳에 올렸던 게시물에서 선택하여 가져올 수 있다.

③ 자료 : 추가와 만들기로 구성되어 있다.

추가	만들기
구글 드라이브 링크 파일 유튜브	문서 프레젠테이션 스프레드시트 드로잉 설문지

④ 질문 : 단답형과 객관식으로 제공되며 기한을 정할 수 있다.

⑤ 퀴즈 과제 : 설문지가 제공된다.

⑥ 과제 : 추가와 만들기로 구성되어 있고, 제출 기한을 정할 수 있다.

구글 클래스룸에서 상호작용은 '수업 댓글 추가'에서 할 수 있다. 게시글이 '스트림'과 '수업' 중 어디에 작성되었는지에 따라 학습자의 댓글이 보이는 범위가 달라진다. '스트림'이나 '수업'의 주제에서 작성한 댓글은 교사는 물론 다른 학습자까지 볼 수 있고, 과제의 경우 교수자만 확인할 수 있다. 이러한 기능을 잘 활용하면 문자 토론과 비밀 채팅도 가능하다.

구글에서도 실시간 쌍방향 수업이 가능하다. 구글 애플리케이션에서 구글 미트를 연결하면 된다. 사용 방법은 줌과 유사하다.

콘텐츠 활용 수업 도구 - 파워포인트

파워포인트는 온라인 수업에서 영상을 제작하는 도구로 활용된다. 기존에 수업에서 사용하던 파워포인트를 그대로 영상으로 제작할 수 있다는 것이 장점이다. 망고보드나 미리캔버스 등이 유사하지만, 무엇보다 학습자에게 가장 익숙한 도구라는 장점이 있다.

그러나 온라인 수업을 위한 파워포인트를 제작할 때 주의할 점이 있다.

💡 파워포인트 제작 시 주의할 점

① 디자인 : 학습자 연령과 스마트폰으로 보는 학생도 고려한다.

② 텍스트 : 스마트폰을 통해 수업을 듣는 학생도 있으므로, 한 면에 너무 많은 글을 담지 않으며, 글자 역시 적정한 크기로 작성한다.

③ 삽입 : 온라인 수업 녹화를 위해 영상을 삽입하여 플레이하는 경우 버퍼링이 발생할 수 있으므로 영상의 크기에 신경 쓴다.

④ 효과 : 한 페이지를 한 번에 다 보여주는 것보다 설명에 따라 하나씩 볼 수 있도록 구성하는 것이 좋다.

⑤ 슬라이드 쇼 : 버전에 따라 교수자의 모습이 저장되는 것도 있다. '다른 이름으로 저장하기 ▶ 파일 형식(비디오 확장자 mp4, wmv 등)'을 선택하여 저장한다.

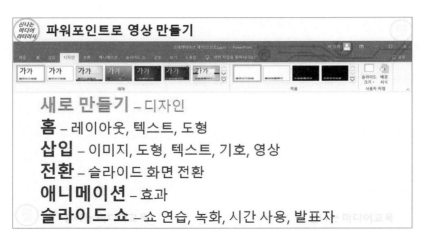

새로 만들기 – 디자인
홈 – 레이아웃, 텍스트, 도형
삽입 – 이미지, 도형, 텍스트, 기호, 영상
전환 – 슬라이드 화면 전환
애니메이션 – 효과
슬라이드 쇼 – 쇼 연습, 녹화, 시간 사용, 발표자

콘텐츠 활용 수업 도구 - 키네마스터

키네마스터는 영상 콘텐츠를 손쉽게 제작할 수 있는 도구다. 스마트폰 카메라가 발달하면서 동영상을 제작하는 애플리케이션도 발달했다.

키네마스터를 비롯하여 영상을 제작할 때 주의할 점은 편집 순서다.

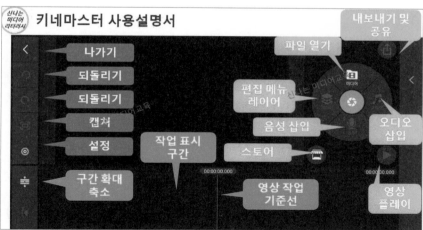

⚙ 키네마스터 편집 순서

사진 & 영상 미디어 삽입 ▶ 편집(영상의 길이_시간) ▶ 장면 전환 ▶ 효과(블러

등) ▶ 오디오(배경음악 및 효과 삽입) ▶ 텍스트(자막 삽입) ▶ 오디오 편집(배경

음악 줄이고 영상 소리 키우기 등) ▶ 내보내기 및 공유 ▶ 내보내기

영상을 편집할 때 텍스트(자막)는 나중에 작업하는 것이 좋다. 자막을 먼저 입력
한 상태에서 영상의 길이를 조정하거나 전환을 변경하면 자막이 뒤로 밀리는 등
위치가 맞지 않게 된다.

제작된 영상은 밴드나 구글 클래스룸에 게시할 수 있다. 이렇게 한 차시 분량의
영상을 제작할 때는 15~20분 정도 분량이 적당하다. 실시간 쌍방향 수업에서 활
용할 때는 5분 미만으로 구성하여 편집하는 것이 좋다.

04 온라인 입학과 개학

개학식은 어떻게 진행할 것인가?

입학식 풍경은 시대가 변하면서 많이 바뀌었다. 하얀 손수건을 가슴에 단 코흘리개들이 운동장에 줄을 서던 옛 모습은 사라지고, 강당이나 체육관 또는 각 교실의 텔레비전을 통해 진행되었다. 그러나 코로나19는 이러한 입학식을 학교와 교실이 아닌 각 가정으로 바꿔놓았다. 아무도 가보지 않은 또 한 번의 변화를 겪게 된 것이다. 입학식은 국민의례, 교장 인사말, 지역 인사의 축사, 담임 소개 등으로 진행되는 것이 보통이다. 온라인 입학식 역시 온라인 플랫폼에 모여 그와 같은 순서로 진행된다.

하지만 동시간대에 많은 사람들이 몇 개 되지 않는 플랫폼에 한꺼번에 몰리면, 연결이 끊기거나 프로그램이 불안정한 상태가 발생한다. 이는 지난해 개학식에서 이미 경험했다. 그러다 보니 몇몇 학교는 코로나19로 인해 입학식을 생략하고 학기를 시작하기도 했다. 하지만 이제 막 시작하는 아이들을 생각하면 고민이 많을 수밖에 없다. 다음의 개학식 사례를 통해 살펴보자.

지난해 개학식은 각 학교가 정한 온라인 플랫폼에서 진행되었다. 접속자가 몰리면 문제가 될 것을 예상하여 고등학생부터 순차적으로 개학하기로 했지만 결국 우려한 상황이 현실이 되었다.

하지만 모든 학교가 그랬던 것은 아니다. 플랜B를 계획해 두었던 일부 학교들은 문제없이 진행할 수 있었다. 이때 사용된 플랫폼이 스트림야드다.

스트림야드(https://streamyard.com)는 실시간 쌍방향 수업을 위한 브라우저다. 줌과 비슷한 미디어로 유튜브는 물론 페이스북 등을 연결하여 라이브 방송을 할 수 있다. 스트림야드는 사용자인 학교나 교수자의 입장에서는 무료로 사용할 것인가 등을 고민해야 하지만, 참여자인 학습자의 입장에서는 링크만 있으면 PC나 모바일 등에 접속하여 보고 들을 수 있다.

시공간이 자유로운 미디어의 특징을 활용하여, 딱딱한 입학식이 아닌 영상으로 즐기는 개학을 준비하기도 했다. 부산 동성초등학교의 경우 교수자들이 엘사와 올라프 등으로 분장을 하고 온라인 개학식 영상을 찍어 화제가 되었다. 이 영상 속에 등장하는 선생님의 편지 중에 '너희가 없는 교실은 아직 겨울이야. 너희가 있어야 학교에도 봄이 온다는 걸 알았어'라는 내용과 겨울왕국이 맞아떨어져 의미 있는 개학식이 되었다.

교장 선생님 말씀은 짧게 마친 후 담임선생님과 초성 퀴즈를 풀며 개학식을 진행한 사례도 있었다. 수업에 대한 안내와 학습자들이 알고 지켜야 할 것들을 초성 퀴즈로 만들어 놀이하듯 진행했다.

최근에는 메타버스에 탑승한 대학들이 졸업식과 입학식을 가상세계에서 현실과 동일하게 진행하여 화제가 되기도 했다.

코로나 이전 개학식이 학교로 등교하는 학습자들과 학부모를 위한 것이었다면, 이제 집에서 수업을 듣는 학습자들을 고려해야 할 때다. 또한 1년 반 동안 시행착오를 경험했기에 새로운 시도를 통해 더 나은 모습을 보여줘야 한다. 이후에 또다시 온라인 수업을 해야 하는 때가 온다면 더욱 안정된 모습으로 입학과 개학을 준비하자.

🔍 스트림야드 사용 방법

이메일 주소 입력 ▶ 시작 ▶ 이메일에서 코드 확인 ▶ 스트림야드에 6자리 코드 입력 후 확인 ▶ '이후!' 클릭

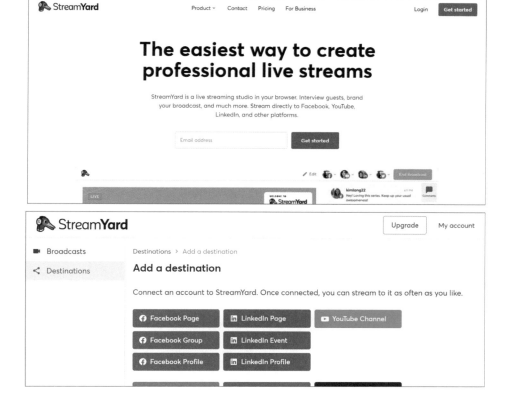

▶ 수업 스트리밍에서 사용할 플랫폼 선택 ▶ 구글 계정 선택 ▶ 비밀번호 입력
▶ 계정 또는 브랜드 계정 선택 ▶ '허용' 클릭 ▶ Title 작성 / 설명 작성 / Privacy
는 Public, Unlisted, Private 중 선택 ▶ 'Create Broadcast' 클릭 ▶ 마이크, 캠
상태 확인 / Display Name(닉네임) 작성 ▶ 'Enter Broadcast Studio' 클릭

학습자와 소통

보편적 도구로 소통하기

학습자를 온라인 교실로 초대하기 위해 가장 필요한 것은 학습자와 학부모와의 소통이다. 이러한 소통을 위해 가장 편리한 도구가 문자 메시지와 카카오톡 서비스다. 이 중 첫 시작은 문자 메시지로 하는 것이 좋다. 문자 메시지는 스마트폰에 기본적으로 제공되지만 카카오톡은 개인에 따라 선택적으로 다운로드해야 하는 프로그램이기 때문이다. 문자 메시지는 한 번에 100명에게 소식을 전할 수 있으며, 통신사마다 조금씩 차이는 있지만 그룹 채팅도 가능하다.

이후 카카오톡으로 옮겨 가고자 한다면, '오픈채팅방'을 권한다. 선생님이 연락처를 이용하여 모두

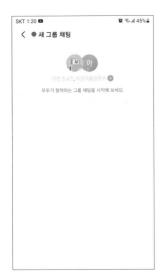

를 '일반채팅방'에 초대하는 경우, 사이버불링 등의 안전 문제가 발생할 수 있기 때문이다. 이와 같은 문제로 도서관과 같은 공교육기관은 카카오톡에 학습자를 한데 모으는 것을 꺼리기도 한다.

문자 메시지와 카카오톡은 학습자뿐 아니라 학부모와 소통할 때도 요긴하게 사용된다. 물론 온라인 교실이 정상화되어 가는 과정에서, 또는 학습자의 미디어 이용 교육에 따라 빈도를 조금씩 낮춰가는 것이 좋다.

문자 메시지와 카카오톡을 이용하기 위해서는 네티켓에 대한 안내가 필요하다. 맞벌이 가정의 경우 퇴근하고 자녀에게 전달되기 때문에 늦은 시각에도 글을 남기는 경우가 있다. 그러므로 밤 10시 이후에는 메시지 알림이나 카카오톡의 푸시 알림이 울리지 않도록 설정을 바꾸는 방법을 함께 알려주어야 한다. 물론 급한 일이 아니라면 이용 시간 지키기에 대한 약속은 필수다.

💡 온라인 수업을 위한 카카오톡 오픈채팅방 이용 안내

① 단체 톡방은 온라인 수업을 위한 온라인 교실입니다.

수업과 상관없는 이야기는 하지 않기

톡방은 아침 8시부터 저녁 7시까지 이용하기

급한 일을 제외하고 질문은 정해진 시간에 하기

② 스마트폰에서 푸시 알림에 대한 설정을 변경합니다.

스마트폰 설정 ▶ 알림 ▶ 방해 금지 ▶ 수면 중 ▶ 시간 설정

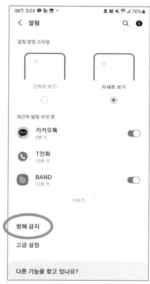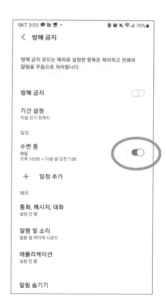

온라인 수업이 제대로 이루어지기 위해서는 학습자와 몇 가지 약속이 필요하다. 그중 첫 번째가 학습자가 온라인 공간을 학교로 인식하는 것이다. 온라인 수업을 듣기 위해 미디어 기기 앞에 앉는 것을 학교에 등교하는 것과 똑같이 인식해야 한다. 학교라는 건축물이 갖는 상징은 '학교가 거기에 있다'는 것을 넘어서, 공동체

안에서 지켜야 할 것이 있음을 알고 실천할 수 있도록 익히는 것이다. 미국 일리노이주의 스프링필드는 교내에서 모자와 반다나, 선글라스, 바지, 슬리퍼 등의 착용을 금지하고 있다. 이 같은 교칙을 온라인 수업에서도 그대로 적용하여, 침대를 벗어나 책상이나 테이블에 앉는 것으로 정했다. 물론 이에 대해 학생들은 복장의 자유와 조용한 침실 이용을 요청하는 불만을 토로하기도 했다. 하지만 눈 비비며 컴퓨터 앞에 앉아만 있다고 수업이 눈에 들어오고 머릿속에 담길까? 등교를 한다는 생각으로 세수도 하고, 복장도 단정히 하여, 눈곱이 모니터에 보일까 신경 쓸 필요 없도록 자세를 갖추어야 한다.

두 번째는 지각하지 않는 것이다. 온라인 수업이 진행되면서 담임선생님의 업무가 늘어나게 되었다. 출석 확인이 되지 않는 학생에게 문자를 보내고, 학부모에게 연락하는 등의 업무가 추가된 것이다. 이로 인해 수업이 길게는 20~30분씩 늦어지기도 한다. 한 사람의 지각이 수업에 어떤 영향을 미치는지 알려주자. 물론 온라인 수업에 익숙하지 않고 미디어를 다루는 데 능숙하지 않아서 지각이 발생하기도 한다. 그러므로 미디어를 다루는 연습을 스스로 할 수 있도록 지도가 필요하다.

세 번째는 네티켓을 지키는 것이다. 교실 수업에서도 자리를 이탈하거나 딴짓을 하는 친구들이 종종 있다. 온라인의 경우 작은 화면에서 사라지거나, 몸을 심하게 움직이고, 주석 달기 장난을 치며, 수시로 줌 가상배경 바꾸기 등으로 수업을 방해한다. 그러므로 수업에 집중하는 태도를 길러야 한다는 점을 주지시킨다.

물론 교사가 해야 하는 부분도 있다. 학생과의 상호작용이다. 그러기 위해서는 학생보다 먼저 온라인 교실에 입장하고 비디오를 켜둔다. 교수자의 카메라가 꺼져 있을 때, 학습자 역시 꺼둘 가능성이 높다. 교수자의 비디오는 시작 전부터 켜져 있어야 한다. 또한 교수자는 온라인으로 등교하는 학습자의 이름을 불러준다.

이렇게 이름을 불러주면 학습자와 상호작용이 형성된다. 진행하는 과정에서 수업을 듣는 자세가 좋은 학습자, 복장이 단정한 학습자의 이름을 부른다면 다른 학습자들도 배우게 된다.

초등 저학년이나 발달장애 학습자를 대상으로 온라인 수업을 할 때는 더욱 신경 써야 한다. 인지 능력이 낮은 학습자의 경우 교수자와 상호작용이 더욱 중요하므로 교수자의 얼굴이 더 잘 보이도록 하는 것이 좋다. 또한 수업을 구성할 때 짧은 집중 시간을 감안하여 설계해야 한다. 이때 학습자를 고려하여 한두 가지의 미디어만 이용하여 수업하는 것이 좋다. 너무 많은 미디어를 다루면 학습에 어려움을 느끼기 때문이다.

수업 시간보다 일찍 접속하여 만일의 과정에서 발생할 수 있는 예기치 않은 일들에 대비한다. 어휘력이 부족한 학습자를 고려하여 말하는 속도를 조절하고 쉽게 풀어서 설명한다. 온라인과 같은 디지털 미디어는 어휘력이 부족한 학습자의 언어 발달에 좋지 않다고 전문가는 이야기한다.

온라인 수업을 위한 안내

온라인 수업 (online class)	온라인 교육, 원격교육(distance education), 원격수업(remote class), 사이버 학습 등으로 불린다. 교수자와 학습자가 대면하지 않고 인쇄 교재, 방송, 오디오나 비디오, 통신망 등의 미디어를 바탕으로 교수·학습 활동을 하는 형태의 교육이다. 이전의 온라인 수업이 일방적으로 듣기만 했다면 인터넷의 발달로 쌍방향(양방향, two-way)의 상호작용이 가능하다.

실시간 쌍방향 수업	실시간으로 소통하며 수업
콘텐츠 활용 중심 수업	미리 녹화된 강의 자료로 학습
과제 수행 중심 수업	교사가 제시한 과제를 수행하고 피드백 받음

우리 학교는

우리 학교는 다음과 같은 온라인 수업을 기본으로 합니다.
☐ 실시간 쌍방향 수업   ☐ 콘텐츠 활용 중심 수업   ☐ 과제 수행 중심 수업

우리 학급은

우리 학급은 다음과 같은 온라인 수업을 기본으로 합니다.
· 실시간 쌍방향 수업   ☐줌   ☐구글   ☐네이버 밴드
· 콘텐츠 활용 중심 수업   ☐e클래스   ☐구글 클래스룸
· 과제 수행 중심 수업   ☐네이버 밴드   ☐e-학습터

학생들은

1. 9시에 온라인 교실로 등교합니다.
· 수업은 9시 10분부터 진행됩니다.
· 온라인 수업도 학교와 같으므로 바른 복장을 갖춥니다.

2. 바른 자세로 온라인에 접속합니다.
· 온라인 교실에 입장할 때는 음소거를 하고 조용히 들어옵니다.
· 비디오를 켜서 서로 얼굴을 보며 소통합니다.
· 선생님의 인사에 따라 선생님과 친구에게 인사합니다.
· 수업에 방해가 되지 않도록 행동에 주의합니다.
· 수업에 집중할 수 있도록 테이블(책상, 식탁, 밥상 등) 위에 미디어 기기(컴퓨터, 태블릿, 스마트폰 등)를 연결합니다.
· 선생님의 수업 자료를 캡처, 녹화, 다운로드하지 않습니다.

	3. 질문 있을 때 · 손 들기를 통해 발언권을 얻습니다. · 채팅 창을 통해서도 질문을 할 수 있습니다. · 채팅 창은 교사 또는 모두에게만 사용합니다.
학부모님은	1. 학생들이 온라인 수업에 제대로 참석하도록 도와주세요. 2. 학생 중심의 자기주도 학습이 이루어지도록 도와주세요. 3. 온라인 교실 접속이 어려우면 담임선생님께 연락해 주세요.

06 온라인 학부모 총회

학부모 총회에서 온라인 수업 안내하기

코로나19 상황에서도 학부모와의 소통을 소홀히 할 수는 없다. 급하고 중요한 것을 우선적으로 진행하다 시기를 놓쳐 학부모와 제대로 소통하지 못하는 경우가 생긴다.

학부모와의 소통은 대부분 총회를 통해 이루어진다. 오프라인 총회는 학교장 인사말, 교직원 소개, 학부모회 활동 보고, 새 학기 학부모회 임원 인사, 새 학기 학교 교육과정 운영 계획, 학급 담임과 인사, 학급 운영 계획, 학습자에 대한 개별 상담 등의 순서로 진행된다.

하지만 코로나19로 인해 총회에도 변화가 필요하게 되었다. 우선 온라인으로 진행된다는 것이 가장 큰 변화일 것이다. 줌이나 구글 미트와 같은 실시간 쌍방향 화상 도구로 마주할 수도 있지만, 네이버 밴드나 유튜브 또는 스트림야드를 통해 일방향으로 만날 수도 있다.

학부모 회장을 비롯하여 누군가를 선출하는 과정을 거쳐야 한다면, 온라인 투표를 이용해 보자. 구글이나 네이버 밴드의 경우 한곳에서 투표를 진행할 수 있다.

그리고 학부모를 대상으로 미디어 교육과 온라인 수업에 대한 연수도 필요하다. 실시간 화상회의 프로그램 참여 방법부터 학습자들의 수업이 어떻게 이루어지는지, 교육과정 운영을 위해 어떤 노력을 하는지를 보여줄 필요가 있다.

학교가 시행하는 교육 방식을 보여준다면 '영상만 올린다'거나 '줌 수업 때문에 우리 아이가 피곤해한다'는 불만도 사라질 것이다.

온라인 수업의 구성	학습	콘텐츠	교과서(교재), 영상(교수자 제작, 유튜브 등), 웹 자료 등
		학습 도구	학습 꾸러미, 학습지, 플랫폼, 개별 학습 도구 등
	소통		카카오톡, 줌, 구글 미트 등
	관리		e-학습터, 구글 클래스룸

학부모는 일방향 수업과 쌍방향 수업이 생소하고, 각각이 무엇을 의미하는지, 그 수업의 장점이 무엇인지 잘 모르므로 친절하게 알려주자.

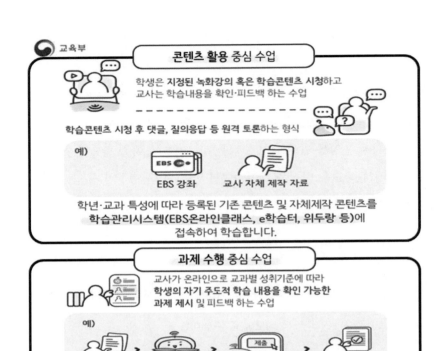

콘텐츠 활용 중심 수업

학생은 **지정된 녹화강의 혹은 학습콘텐츠 시청**하고
교사는 학습내용을 확인·피드백 하는 수업

학습콘텐츠 시청 후 댓글, 질의응답 등 원격 토론하는 형식

예)

EBS 강좌   **교사 자체 제작 자료**

학년·교과 특성에 따라 등록된 기존 콘텐츠 및 자체제작 콘텐츠를
학습관리시스템(EBS온라인클래스, e학습터, 위두랑 등)에
접속하여 학습합니다.

과제 수행 중심 수업

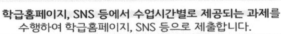

교사가 온라인으로 교과별 성취기준에 따라
학생의 자기 주도적 학습 내용을 확인 가능한
과제 제시 및 피드백 하는 수업

예)

과제 제시 ▸ **학생 활동 수행**
독서 감상문, 학습지,
학습자료 등 ▸ **학습결과 제출** ▸ **교사 확인 및
피드백**

학급홈페이지, SNS 등에서 수업시간별로 제공되는 과제를
수행하여 학급홈페이지, SNS 등으로 제출합니다.

실시간 쌍방향 중심 수업

실시간 원격교육 플랫폼을 활용하여
교사·학생 간 화상수업을 실시하며,
실시간 토론 및 소통 등 즉각적 피드백이 가능한 수업

화상수업도구 예)

네이버 라인웍스, 구루미, 구글 행아웃, MS팀즈, ZOOM, Webex 등 활용

화상수업에 접근할 수 있는 방법을 문자(메일) 등으로
안내받아 **화상수업도구에 접속하여 수업에 참여합니다.**

온라인 수업에 대한 가정통신문   출처 : 교육부

2장
온라인 수업의 기본

잠시면 해결될 것으로 생각했던 코로나 상황이 계속 이어지면서, 교육부는 온라인 수업의 원리를 '학습, 소통, 관리'로 정의하고, 이를 위한 방안을 제시했다. 결국 충분히 준비되지 않은 상태에서 EBS 영상을 시작으로 온라인 수업이 진행되었고 어느덧 1년 반이 흘렀다.

학교가 선택한 플랫폼에 따라, 교수자가 선택한 수업 도구에 따라, 어느 교실에서는 실시간 쌍방향 수업이 진행되고 콘텐츠 활용 중심 수업이 이루어지기도 했다. 하지만 이러한 방식으로 수업이 진행되면서, 학습자들의 자기조절 능력과 학습력에 문제가 발생하고 있다. 온라인 수업은 자기조절력과 학습력이 높은 학습자에게는 문제가 되지 않지만, 그렇지 못한 학습자들은 뒤처지는 양극화를 낳았기 때문이다.

여기에서는 학습자들의 학습력을 끌어올릴 수 있는 온라인 수업 방법에 대한 노하우를 나누고자 한다.

수업을 신나게 여는 아이스브레이킹

온라인 수업 어떻게 열어야 할까?

온라인 이전의 대면수업에서도 한 반이 조화롭게 잘 굴러가는지는 학기 초에 결정되었다. 교수자와 학습자가 친밀해지고 서로를 배려하면서 협력했는가에 달린 것이다. 온라인 수업은 더욱 그러하다.

학습자가 화면에 자신의 모습을 드러내는 것에 부담이 없고, 화면 속에서 만나는 동료 학습자를 반갑게 맞이할 수 있어야 한다. 비록 온라인이지만 오프라인과 같이 배려와 협력을 바탕으로 조화롭게 굴러가야 하는 것이다. 그러기 위해서는 학기 초에 친목을 도모하는 아이스브레이킹 활동을 실시하는 것이 좋다. 하지만 온라인에서 할 수 있는 활동은 제한적이며, 그것마저도 알려진 것이 많지 않아서, 한두 가지 하고 나면 식상해질 수밖에 없다.

아이스브레이킹 활동

원활한 상호작용을 위해 수업 전 아이스브레이킹 활동을 해보자. 오프라인 교실에서는 수업 중 쉬는 시간에 관계 맺기가 이루어지고, 이를 바탕으로 상호작용도 수월하게 진행된다. 하지만 온라인 수업에서는 작은 화면상으로 교수자가 이야기할 때 학습자가 동시에 말을 하는 경우에는 알아들을 수가 없다. 쉬는 시간에는 오프라인 상태이거나 비디오를 끄기 때문에 소통이 이루어지기 어려워 관계 맺기가 쉽지 않다.

아이스브레이킹 시간은 상호작용을 위한 초석을 다지는 활동이 되기도 한다. 온라인 수업의 시작을 미디어로 여는 것과 같이, 학기 초에 일정 기간 동안 수업 시작 전에 간단한 아이스브레이킹 활동을 해보자.

💡 온라인에서 하는 아이스브레이킹 활동

① 이심전심 게임

- 두 손으로 O X 표현하기

: 오늘 우리 반 친구는 모두 세수하고 왔을 것이라고 생각한다. O X?

: 오늘은 잠옷을 그대로 입고 있는 친구가 한 사람도 없다. O X?

: 어제도 그랬지만 오늘도 수업이 재미있을 것이다. O X?

: 오늘은 수업에서 재미있는 활동이 많을 것으로 기대한다. O X?

- 가위바위보 게임

: 오늘은 가위바위보 중 어떤 날로 할까? 가위바위보?

(통일이 되었거나 가장 많이 나온 것이 가위라면, 질문이나 하고 싶은 말이 있을 때 가위로 손 들기)

: 선생님이 가위바위보에서 가위를 낼 것이다. 그럼 여러분은 무엇을 내면 될까? 가위바위보?

(가위를 낼 수도, 다른 것을 낼 수도 있다. 이에 대해 재미있는 놀이로 이야기를 나누자.)

- 물건 찾기

: 이번 수학 시간에 가장 필요한 학습 도구를 찾아와서 화면 앞에 보이기

(모두가 통일될 수도 있고, 가장 많은 물건일 수도 있다. 그것을 가져온 이야기를 나눈다.)

: 오늘은 날씨가 추운데, 이런 날씨에 필요한 것을 찾아와서 보여주기

(이럴 때는 물건을 찾는 시간을 정해주는 것이 효과적이다.)

- 친구 이름 알기

: '시장에 가면~ ㅇㅇㅇ도 있고' 게임에 맞춰 '우리 3반에는~ ㅇㅇㅇ도 있고'로 게임하기

(줌의 경우 화면 속 얼굴이 말을 하는 사람 중심으로 바뀌므로, 교수자가 보는 창을 학습자도 똑같이 볼 수 있도록 설정한 후 진행)

- 가짜 예술가 잡기 게임

: 보드게임 '가짜 예술가 뉴욕에 가다'와 온라인 게임 '어몽 어스'를 응용한 게임. 한 명에게만 '가짜 예술가' 또는 '범인'이라는 메시지를 보내고, 나머지 학습자에

게는 특정한 주제어를 나눠준다. 줌 화면 공유를 통해 화이트보드나 파워포인트 등 백지 위에 주석 작성 기능을 사용하여 한 사람씩 한 붓 그리기를 한다. 한 반 인원이 모두 함께하기 힘들다면 소회의실로 나누어도 좋고, 두 팀으로 나누어 1번 팀이 하는 동안 2번 팀이 추리를 해도 된다.

② 온라인 수업을 위한 연습을 놀이로

- 음소거 연습

: 즐겁게 얘기하다가 그대로 음소거(동요 '그대로 멈춰라'에 맞춰 음소거)

: 음소거 준비됐나요?('네, 선생님!' 하면서 음소거 버튼 누르기)

- 이름 바꾸기

: 이름 변경하기 / 반 번호 이름으로 변경하기

: 자신의 역할을 이름 앞에 붙이기(반장 홍길동, 청소반장 청소신 등)

: 모둠 이름을 자기 이름 앞에 붙이기(1모둠 강개똥, 해바라기팀 노하늘 등)

- 가상배경 바꾸기 연습

: 교수자가 공유한 이미지로 바꾸기(셔츠를 입는 것과 같은 반 가상배경을 만들어 배포한다. 공유는 줌 채팅 창이나 반이 공유한 플랫폼을 이용하고, 학습자가 따라 할 수 있도록 비디오에서 가상배경을 저장하는 방법과 바꾸는 방법에 대해 설명한다. 이때 교수자의 컴퓨터 바탕화면을 공유할 수 있도록 줌 설정을 해야 한다.)

: 오늘 수업에 어울리는 가상배경으로 바꾸기(저작권에 문제되지 않는 이미지를 다운로드하는 방법에 대해 설명해야 한다.)

③ 학습 놀이

글자 놀이

: 특정 자음으로 인사하기('ㅇ'으로 시작하는 인사하기 - 안녕 친구들)

: 특정 글자로 시작하는 말하기(온라인의 '온'으로 시작하는 말하기 - "온라인 아이스브레이킹 재미있어요.")

: 앞뒤 같은 글자로 시작하고 끝내는 말하기(소띠 해의 '소'로 시작해서 '소'로 끝내기 - 소리를 낼 때는 음소거 해제하소)

줌 바탕화면 활용한 아이스브레이킹

: 교사의 줌 배경화면을 바꾸고 열두 고개 형식으로 질문하며 답 찾기

Q. 뒤에 보이는 것은 무엇일까요?

: 교사가 줌 배경화면을 클로즈업부터 롱샷으로 바꿔가며 퀴즈 내기

Q. 뒤에 보이는 것은 무엇의 일부일까요?

- 온라인 퀴즈 놀이

: 학생들이 익히기를 바라는 어휘나 용어를 담은 퀴즈 놀이

미리캔버스를 이용하여 제작한 퀴즈

08 온라인 수업을 위한 미디어 역량

온라인 수업 도구_미디어

미디어를 정의할 때 간단히 줄여서 '소통의 도구'라고 이야기한다. 미디어는 한쪽에서 다른 한쪽(개인 대 개인, 개인 대 집단, 집단 대 집단 등)으로 의사나 감정 또는 정보를 전달하는 수단이다. 우리가 온라인 수업에 사용하는 영상이나 줌 등은 모두 미디어에 해당한다. 미디어는 의사소통 수단인 것이다. 하지만 코로나19로 시작된 온라인 교실에서는 소통이 쉽지 않아 보인다.

흔히 요즘 아이들을 '디지털 원주민'이라고 부른다. 태어나면서부터 부모의 스마트폰에 사진으로 저장되고, 배우지 않아도 두 손가락으로 화면 확대와 축소를 마음대로 구사하는 세대. 그러다 보니 요즘 세대들은 어른보다 미디어를 잘 다룰 것이라는 생각을 바탕으로, 미디어 작동법이나 우리 삶에서의 역할 또는 목적에 맞게 미디어를 효율적으로 사용하는 방법을 잘 알고 있다고 짐작한다. 또한 미디어를 통해 원활한 소통을 할 것이라고 생각한다.

하지만 디지털 원주민의 작동은 학습을 위한 능력이 아니며, 학습자는 여전히

지도가 필요하고, 리터러시를 익히기 위한 기술과 역량을 기를 수 있도록 도와주어야 한다. '디지털 원주민'이라는 전제하에 그 어느 것도 익히지 못한 상태에서 온라인 수업으로 초대된 것이다.

미디어 리터러시로 온라인 수업 시작

초등학교 1학년의 경우 입학하면 교과목을 배우기 전에 한 달간 '야! 1학년이다'를 바탕으로 학교와 선생님에게 적응하는 시간을 갖는다. '첫 만남, 학교 한 바퀴, 선 따라 그리기, 예절 바른 인사, 혼자서도 척척, 신나는 놀이터, 글자 모양 익히기, 글자 바르게 쓰기' 등을 차례로 익힌다.

온라인 수업도 마찬가지다. 미디어에 대한 학습 경험이 없는 학습자가 미디어를 제대로 익혀 온라인 수업이 어렵지 않도록 도와주어야 한다. 그래서 필요한 수업이 미디어 리터러시다. 수업에 필요한 미디어 리터러시 역량을 높이기 위해 시간을 들여 교육해야 한다.

미디어 리터러시란 미디어가 활자, 소리, 영상 등의 다양한 형태로 쏟아내는 메시지를 읽고 이해하고 공유하며 재생산하거나 새롭게 창조하는 능력을 말한다. 국어교육에서는 이를 문해력으로 해석하기도 한다. 학습 격차가 오프라인 수업에서도 발생했다는 측면에서 생각해 보면, 오프라인에서 직접 보고 들어도 이해하기 어려운 것을 온라인이라는 미디어 안에서 이해하기는 더 어려운 일이다.

한국언론진흥재단의 연구서 〈미디어 교육의 재구조화 : 21세기 한국의 미디어 교육 영역 및 구성〉에서는 미디어 리터러시를 구성하는 역량으로 접근, 비판적 이해, 창의적 생산, 참여, 윤리를 꼽았다.

구분	하위 역량별 교육		길러야 할 세부 역량	내용 요소 사례
미디어 리터러시 교육	기초 역량	미디어에 대한 접근 교육	· 미디어 접근 능력 · 미디어 기능적 활용 능력	· 다양한 미디어(콘텐츠) 유형과 그 기능에 대한 인지 · 여러 유형의 미디어(콘텐츠)에 접근해 실제 이용 · 미디어 기기, 기술의 기능적 활용 방법 습득
	중점 역량	비판적 분별적 미디어 이용 교육	· 미디어 본질에 대한 이해 능력 · 미디어 콘텐츠에 대한 비판적 분석과 분별적 이용 능력	· 미디어의 본질, 특히 상업적, 기술적 속성과 그로 인한 영향력 파악 · 미디어 콘텐츠의 품질 평가와 내용의 사실성, 진실성 확인 · 미디어 콘텐츠의 품질을 기준으로 선별적 수용
	심화 역량	생산적 미디어 활용 교육	· 미디어에서 습득한 지식, 정보의 유의한 활용 · 미디어를 통한 창의적 표현 능력 · 미디어를 활용한 적극적 소통 능력 · 미디어를 통한 사회 이슈 참여 능력	· 미디어에서 고품질 지식 정보를 습득해 자기계발, 진로 탐색 등 발전적 목적에 활용 · 미디어를 통해 자신의 생각을 여러 가지 형식으로 만들어서 표현 · 미디어상에서 다른 사람들과 활발히 소통(대화 정보 공유 등)하고 교류 · 미디어를 통해 사회 이슈에 대해 토론, 숙의하고 다양한 형태로 참여
		책임 있고 안전한 미디어 향유 교육	· 책임 있고 안전한 미디어 이용 능력 · 자율적인 미디어이용 능력(조절 능력) · 미디어 이용을 통한 정서 함양 능력	· 타인의 권리를 준수하는 미디어 이용 태도/행동 함양 · 자신의 권리를 침해받았을 때 대응하는 방법 학습 · 미디어(콘텐츠)에 대한 자율적 조절 능력(과의존 ·과몰입 지양, 위험한 콘텐츠 이용 자제 등)을 내재화 · 미디어 콘텐츠에 대한 심미적 감상법 학습 · 미디어(콘텐츠)를 통해 즐거움과 정서적 안정감 획득

출처: 양정애, 김아미, 박한철 〈미디어 교육의 재구조화〉 (2019)

온라인 수업을 위한 미디어 리터러시 수업을 할 때 주의할 점은 미디어 리터러시 능력이 한 번에 길러지는 것이 아니므로, 시간을 두고 차근차근 해나가야 한다는 것이다. 가장 좋은 학습은 미디어를 가지고 노는 것이다. 교수자는 기본적으로 간단한 내용만 소개하고, 나머지는 학습자가 가지고 놀면서 질문하거나, 자신이 알아낸 기능을 이야기하거나, 교수자의 과제를 완성하는 등의 놀이 방식으로 진행하면 생각보다 빠르게 습득할 수 있다.

온라인 수업 구성 _ 온라인 수업 접근과 이용

【학습 목표】 온라인 수업에 스스로 접근하고 이용할 수 있다.
(지식정보 처리 역량) 미디어를 이해하고 이용할 수 있다.
(의사소통 역량) 소통의 도구를 알고 자신의 생각을 말할 수 있다.
(공동체 역량) 공동체에서 지켜야 할 약속이 있음을 알고 실천할 수 있다.

【준비물】 (1교시 수업)
온라인 수업 도구 : 🟤kakao　📹zoom　Google Meet
　　　　　　　　　Ｐ Microsoft PowerPoint　영상 제작

학습자 준비물 : 필기도구

단계	수업 내용	교사 안내서
도입	학습 목표 제시	· 첫 시간은 실시간 플랫폼으로 접속하여 소통하며 수업한다. · 접속에 대한 사전 안내는 누구나 사용하는 카카오톡으로 유인물과 영상을 제공한다.
내용	· 온라인 학교와 가정 학습 안내 · 시간에 늦지 않게 참여하기 · 복장은 단정하게 · 가상배경 설정으로 사생활인 가정환경 지키기 · 온라인 교실의 규칙 정하기 · 내가 생각하는 온라인 교실 예절 · 우리가 정한 온라인 교실 예절 · 실시간 수업 약속 · 줌 입장 시 음소거 · 수업 중 비디오 켜기 · 소통은 음소거 해제와 채팅으로 · 발언권 얻은 후 말하기 · 수업에 집중하기 · 영상 시청 약속 · 처음부터 끝까지 보고 듣기 · 과제 제출 소개	 · 줌에서 화면 공유 설정을, 선생님의 바탕화면을 학생에게 보여줄 수 있도록 수정한다. · 학습지를 다운로드하여 작성할 수 있도록 지도한다.
정리	온라인 학습은 미디어를 활용한 수업이므로, 온라인에 스스로 접속하고 이용을 통제하는 '접근 역량'과 미디어 안에서 수업에 참여할 때 갖춰야 할 미디어 윤리를 익히고 생활화해야 한다.	· 학습지를 바탕으로 약속을 정한다.

	온라인 수업을 위한 줌 사용 설명서
줌 회원가입	zoom.us 접속 후 하단 [무료 가입 절차 시작]에서 회원가입  e메일 주소 기입 ▶ 생년월일 인증 ▶ e메일 확인 메시지 ▶ 해당 e메일 내용에서 활성화 메시지 확인 ▶ 계정 활성화 ▶ 비밀번호 만들기 ▶ 비밀번호 8자리 이상(영문 대소문자 1자 이상 포함)
수업 참여	링크를 클릭하거나 줌 프로그램을 열고 참가를 클릭한다. ▶'오디오에 연결하지 않음'에 체크 ▶ 수업 회의 ID 작성 ▶ 참가 ▶ 암호 작성 ▶ 입장 

- 온라인 교실에서 함께 지켜요 -

온라인 교실은 무엇을 하는 공간일까요?

_____

_____

_____

_____

내가 생각하는 온라인 교실에 필요한 규칙

_____

_____

_____

_____

친구들과 함께 정한 온라인 교실 약속

_____

_____

_____

_____

09 미디어 교육으로
온라인 수업 능력 기르기

미디어는 정보의 바다

현대사회를 '정보화 시대', '지식기반 사회'라고 한다. 그만큼 정보가 우리 생활에서 차지하는 비중이 크다는 의미다. 하지만 정보의 홍수 속에서 내가 필요로 하는 것을 찾기란 쉽지 않다.

사전에서 '수해'를 찾은 초등학교 1학년 유진 양. '홍수로 인한 해'라는 정의가 이해되지 않았다. 그래서 다시 '해'를 찾았더니 '하늘에 떠 있는 해'를 비롯하여 수많은 '해'가 등장했다. 이 가운데 어떤 해를 선택해야 수해의 뜻이 될 것인가는 유진 양의 선택이다. 하지만 초등학교 1학년인 유진 양은 '하늘의 해' 외에는 다른 의미를 알지 못했다. 물론 주위에 누군가가 도움을 줄 수 있다면 '피해'를 선택하겠지만, 그렇지 않다면 넘쳐나는 '해' 속에서 방황할 수밖에 없다.

정보 찾기도 이와 유사하다. 코로나와 관련하여 수많은 정보가 넘쳐난다. 따뜻한 차를 마시면 코로나를 예방할 수 있다고 말하기도 하고, 의료용 마스크는 코로나 방지에 소용이 없다고 말하기도 한다. 이렇게 쏟아지는 정보 속에서, 내가 원하는 제대로 된 정보를 찾는 능력이 필요하다. 온라인 수업이 진행되면서, 학습자가 수업 시간에 자신이 사용하는 미디어 기기를 이용하여 검색하고 조사하여 발표하는 것이 가능해진 지금은 더욱 그러하다. 또한 과제를 작성하고 게시하는 활동에도 정보처리 역량은 매우 중요하다.

'이미지'로 재미있게 시작하기

정보처리 능력이란 현재 존재하거나 저장된 정보를 조작하거나 새로운 정보를 창조하는 능력을 말한다. 이 수업은 줌을 통해 실시간 쌍방향으로 진행되었다. 그 과정에서 고민은 정규과목이 아니었기에 교과서와 프린트된 학습지 없이 온라인으로 학습자들의 참여를 이끌며 수업해야 하는 것이었다. 그래서 찾은 것이 이미지를 활용하는 것과, 숨은 그림 찾기와 같이 학습자들이 직접 찾도록 하는 방식이었다.

수업에서 자주 사용하는 방법 중 하나는 선생님이 모든 것을 알려주기보다 학습자 스스로 찾아내도록 하는 것이다. 68쪽 이미지는 미디어에 대한 정의를 이야기하지 않은 상태에서 '미디어라고 생각되는 것'을 찾는 데 활용했다. '텔레비전, 노트북, 오디오, 카메라' 등의 다양한 미디어 이미지가 보인다. 이러한 디지털 기기 외에도 '지구본, 책' 등의 이미지도 있다. 미디어의 대가 마셜 맥루한의《미디어의 이해》와《미디어는 마사지다》를 토대로, 한국언론진흥재단의《학부모를 위한 미디어 리터러시 실천·지도 매뉴얼》(www.forme.or.kr 자료실)과,《2015 개정 교육 과정 교수·학습 자료 국어 초등학교 5~6학년군》을 참고하여 지도하면 된다.

이렇게 이미지를 사용할 때 고려해야 할 것은 2가지다. 첫째는 이미지의 크기다. 이미지 속에 담긴 요소들이 너무 작기 때문에 스마트폰으로 수업을 보고 듣는 학습자를 고려해야 한다. 특히 온라인 수업 이후 눈의 통증을 호소하는 학습자

들이 늘고 있다. 그러므로 수업에서 이미지를 제시하고자 할 때는 크기에 대해 고민해야 한다. 둘째는 사용하는 이미지의 저작권이다. 첫 번째 이미지의 경우 실제 수업에서는 한국언론진흥재단의《학부모를 위한 미디어 리터러시 실천·지도 매뉴얼》에 있는 것을 활용했다. 하지만 출간용으로 사용을 허가받은 것이 아니므로, 원하는 형태로 새로 그린 것이다. 두 번째 이미지의 경우 저작권 고민 없이 무료로 사용 가능한 픽사베이(pixabay.com)에서 가져온 것이다. 이렇게 교수자가 이미지를 활용했을 때 학습자들에게도 설명해준다면 과제를 수행할 때 저작권에 문제되지 않을 것이다.

온라인 수업 구성_미디어 리터러시 역량 강화

【학습 목표】미디어가 소통의 도구임을 알고, 미디어 리터러시 역량을 익힌다.
(지식정보 처리 역량) 미디어의 정의를 알고 비판적으로 인식한다.
(자기관리 역량) 미디어의 이용을 스스로 통제하고 조절할 수 있다.
(의사소통 역량) 미디어가 소통의 도구임을 알고, 네트워킹 및 협업에 참여하여 자신의 생각을 말할 수 있다.

【준비물】(2교시 연강)
온라인 수업 도구 :　zoom　　Google Meet　　Microsoft PowerPoint
온라인 필기구
학습자 준비물 : 필기도구

단계	수업 내용	교사 안내서
도입	학습 목표 제시	· 영상으로 제작하는 것도 가능하지만, 미디어는 소통의 도구이므로 실시간 소통이 더 좋다. · 🎥 📹 영상
내용	· 미디어의 정의 : 2인 이상의 관계에서 생각이나 정보를 전송하는 도구나 수단 · 리터러시의 정의 : 읽고 쓰고 이해하고 공유하고 생산하는 모든 것 · 미디어의 종류 : 인쇄, 소리, 영상, 뉴미디어를 통해 글, 음성, 노래, 사진, 영화, 뉴스 등의 다양한 형태로 보내는 메시지에 대한 이해 · 미디어 정보 검색 : 내가 원하는 정보에 부합하는지, 잘못된 정보 여부에 대한 확인, 객관과 주관의 차이 등 정보 판별 능력 기르기 · 저작권 약속 : 저작권법 익히기, 수업을 들을 때와 과제를 할 때 주의할 점 익히기 · 허위·조작정보 : 허위정보, 조작정보, 오인정보, 패러디 정보 등 다양한 형태의 허위·조작정보를 이해하고, 정보를 걸러내는 힘을 기르기	· 파워포인트를 이용하여 자료를 만들 때는 학생들이 사용하는 기기, 즉 스마트폰까지 고려하여야 한다. · 미디어 리터러시 역량에 대해서는 교육부와 한국언론진흥재단의 자료를 활용하면 된다.
정리	미디어 리터러시의 가장 중요한 '비판적 읽기'를 알고 실천할 수 있다.	학습지를 바탕으로 약속을 정한다.

온라인 수업을 위한 미디어 리터러시 실천 매뉴얼

미디어는 정보의 바다	· **미디어** : 어떤 사실이나 정보를 담아서 수용자에게 보내는 역할을 하는 매개체 · **미디어 리터러시** : 다양한 형태의 메시지에 접근해서 분석하고 평가하며 다양한 메시지를 만들어낼 수 있는 능력 · **미디어에 대한 비판적 이해** : 미디어 구조 및 기능에 대한 지식, 미디어 텍스트에 대한 비판적 읽기, 미디어를 둘러싼 사회적, 정치적, 경제적, 기술적, 미학적 요인들을 비판적으로 사고할 수 있는 능력 · **미디어를 통한 창의적 표현 능력** : 미디어를 활용한 창의적 쓰기, 자아 정체성 및 의견, 지식, 감정 등을 미디어 텍스트의 제작을 통해 표현하는 능력 · **미디어를 통한 소통 능력** : 미디어 읽기와 쓰기에 대한 사회적 책임 인식, 민주적 참여 활동 능력, 정보의 공유 및 나눔 능력

수업 참여	

분석(소비자 측면) -5개 핵심질문들	5개 핵심개념(키워드)	제작(생산자 측면) -5개 핵심질문들
누가 이 메시지를 만들었는가?	모든 메시지는 구성된다. (저자)	나는 무엇을 저작하고 있는가?
이 메시지는 나의 주목을 끌기위해 어떤 창의적 기법을 사용했는가?	미디어 메시지는 그 자체의 규칙 속에서 창의적인 언어를 사용해서 구성된다. (형식)	나의 메시지는 포맷, 창의성, 기술에 대한 이해를 반영하고 있는가?
사람들이 메시지를 어떻게 달리 이해하는가?	동일한 메시지라도 사람들은 다르게 경험한다. (이용자)	나의 메시지는 이용자들에게 각기 다른 반응을 자아내는가?
메시지에는 어떤 가치, 생활 습관, 관점들이 반영되어 있는가? 또는 생략되어 있는가?	미디어는 내재된 가치 및 관점을 가진다. (내용)	내가 만든 콘텐츠는 나의 가치, 생활 습관, 관점을 명확하고 일관성 있게 제시하고 있는가?
이 메시지는 왜 보내졌는가?	대부분의 미디어 메시지들은 이익 혹은 권력을 얻기 위해 만들어진 것이다. (목적)	나는 내가 말하고자 하는 것을 효율적으로 전하고 있는가?

| 출처 : 한국언론진흥재단 (2018), 〈다독다독 미디어 리터러시〉, 2018 봄호, 63쪽 재인용. |

– 온라인 교실에서 함께 지켜요 –

미디어 리터러시에 대해 정리해 봅시다.

미디어에서 정보를 검색할 때 주의해야 할 점에 대해 이야기해 봅시다.

과제를 할 때 지켜야 할 것은 무엇인지 설명해 봅시다.

10 온라인 수업의 기본, 콘텐츠와 저작권

영상 콘텐츠의 문제

온라인 수업에서 가장 보편적으로 사용되는 도구가 영상이다. 이전의 오프라인 수업에서도 빈번하게 사용되었으며, 거꾸로 수업에서도 가장 중요하게 사용된 학습 도구였다.

영상은 짧은 시간에 깊은 인상을 심어준다는 점에서, 효율성이 높은 교육 자료다. 또한 한정된 교실 환경에서 현실을 반영할 수 있는 좋은 수단이기도 하다. 따라서 수업에서 보여줄 영상을 얼마나 제대로 찾았느냐에 따라 그날의 수업이 좌우되기도 한다.

일부 학교와 교수자의 경우 EBS의 영상 콘텐츠나 유튜브 영상을 그대로 시청하는 온라인 학습을 진행했다. '온라인 수업' 하면 떠오르는 것이 EBS였고, 요즘 아이들은 '유튜브'로 배운다고 이야기할 정도로 두 미디어가 보편화되어 있기 때문이다. 하지만 EBS와 유튜브 영상만으로 진행되는 강의는 학습이라는 의미로 다가가지 못했다. 이 과정에서 학부모의 볼멘소리가 나오기도 했다.

특히 유튜브의 경우 수업을 위한 영상 시청이 끝나면 알고리즘으로 연결된 게임이나 다른 영상으로 이어지는 사례가 많았다. 그러다 보니 온라인 수업 이전보다 더 많은 시간을 유튜브 시청에 사용했고, 이로 인해 유튜브 중독에 대한 우려로 이어지기도 했다.

EBS를 활용한 e-학습터 업로드와 저작권

우선 영상을 어떻게 제공할 것인지 고민해야 한다. 앞에서 이야기한 바와 같이 EBS나 유튜브의 내용이 교수자가 가르치고자 하는 내용과 딱 맞아떨어지는 좋은 자료라면 상관없지만, 지역이나 학교 상황에 맞지 않는 경우에는 적당한 편집이 필요하다. 하고자 하는 수업 내용에 맞춰 학습 목표를 제시하고, 영상을 구성한다.

이때 교사가 직접 보여줄 수 없는 실험이나 다양한 현장을 담은 생생한 영상은 EBS 영상을 사용한다. 교사가 처음부터 끝까지 영상을 제작할 필요가 없는 것이다. 교육부가 발표한 '코로나19로 인해 온라인 수업을 실시하는 기간 중 수업 목적(고등학교 이하) 저작물 이용 FAQ'(2020. 4. 10)에 따라, EBS 콘텐츠를 다운로드하여 e-학습터에 업로드할 수 있다. 물론 제한은 있다. 동영상의 20%(15분 이내)만 활용할 수 있으며, 업로드 시 SD급(480p) 해상도 이하로 변환하여 탑재해야 한다. 또한 저작권과 관련하여 ① 접근 제한 조치 및 복제 방지 조치(수업 주체인 교사와 학생만 로그인 활용), ② 저작권 관련 경고 문구 표시, ③ 출처 표시를 해야 한다.

이렇게 교수자가 직접 영상을 만들 때는 상호작용하는 영상을 구성하는 것이 좋다. 가령 영상 속에서 학습자의 이름을 불러주거나, 어제에 이어지는 오늘의 미션

온라인 비디오 커터 서비스

등이다. 나를 모르는 누군가가 하는 수업보다, 교수자가 나의 이름을 한 번씩 불러주면 더욱 즐겁게 참여할 수 있다. 물론 영상 속에 학습자의 이름이 등장하면, 다른 곳에서 사용할 수 없다는 단점도 있다. 동영상 편집은 무료 프로그램인 '온라인 비디오 커터' 서비스를 사용하거나, 한때 마이크로소프트 프로그램에 패키지로 들어 있던 '무비메이커' 등으로 편집할 수 있다. 또는 스마트폰에서 키네마스터와 같은 다양한 애플리케이션을 활용하면 손쉽게 편집이 가능하다.

무비메이커

유튜브를 활용한 업로드와 저작권

영상을 유튜브에 업로드할 경우에는 저작권과 링크 공유에 대해 조금 더 신경 써야 한다. 종종 교육용이나 연구를 목적으로 하면 문제가 되지 않을 것이라고 생각하는 경우가 있다. 하지만 저작권법은 '공정 이용에 해당하는 특별한 사유가 없다면' 처리가 필요하다고 밝히고 있다. 여기에서 특별한 사유는 인용 등에 해당하는 것이므로, 책이나 영상 등 타인의 저작물을 그대로 가져오는 것은 해당되지 않는다.

또한 유튜브에 영상을 올리고 링크를 공유할 경우 링크 주소를 그대로 복사하여 붙이기보다, 추천이나 관련 동영상이 붙지 않은 유튜브를 찾아서 제공하는 것이 좋다. 그래야 유튜브 중독을 염려하지 않고 안전한 콘텐츠 자료를 제공할 수 있다.

콘텐츠 활용 중심 수업을 위한 영상 제작

영상 콘텐츠에 대한 오해

영상 콘텐츠를 만들고자 할 때 가장 먼저 고려해야 할 것은 무엇일까? 어떤 이는 고가의 방송 장비나 온라인 수업 전문기관에서 제작한 인터넷 강의(인강)를 떠올릴 것이다. 또 누군가는 유명 유튜버가 생산해 내는 화려한 영상 콘텐츠를 생각할 수도 있다. 디지털 원주민이라고 하는 학습자는 이러한 영상을 보며 자랐다. 그래서 교수자들은 학습자의 눈높이를 맞추는 것에 부담을 느낀다.

물론 1인 미디어 시대에 맞게 화려한 편집 능력을 자랑하는 교수자도 있다. 하지만 가르치는 것이 전문인 교사들은 영상 제작이 서툴 수밖에 없다. 더구나 그러한 영상을 바탕으로 학습자의 몰입을 유도하기란 쉽지 않다. 그럼에도 불구하고 교육을 위한 영상 콘텐츠 제작은 이제 교수자의 필수 능력이 되었다.

영상을 만드는 과정을 살펴보면 다음과 같다.

교육계획안 작성 ▶ 영상에 담을 콘티 구성 ▶ 수업 자료 제작 ▶ 영상 녹화 ▶ 영상 편집 ▶ 영상 업로드

단계로만 보면 과정이 간단해 보인다. 하지만 이러한 단계로 20분 정도의 한 차시 영상을 만들기 위해서는 2~3시간이 소요된다. 여기에 화려한 PPT, 유명한 크리에이터의 영상처럼 깔끔한 편집과 군더더기 없는 말솜씨가 추가된 고급 자료를 제공하려면 더 많은 시간을 요한다. 물론 앞에서 언급했듯이 전문가 수준의 멋진 영상을 제작하는 교수자도 있다. 하지만 문제는 이러한 형태의 제작이 얼마나 오래 유지될 것인가이다. 그리고 영상 편집보다 내용의 충실성을 어떻게 담보하느냐가 더 중요하다.

실제 중학교 영어의 경우, 주당 18~20차시의 수업이 진행된다. 한 주에 18~20개의 영상을 제작해야 하는 것이다. 이렇게 영상 제작에 에너지를 소비하면 온라인 수업 준비가 큰 부담이 될 것이다. 따라서 쉽고 편하게 영상을 제작하고, 수업에 적용 가능한 방법이 필요하다.

몰입을 부르는 영상 제공

학습자가 영상에 몰입하도록 하기 위해서는 무엇을 고민해야 할까?

1. 영상의 길이

'영상은 몇 분 분량으로 제작해야 온라인 수업에 효과적일까?' 우선 그동안의 수업이 어떤 형태로 진행되고 있었는지 생각해 보아야 한다.

중학교 45분 수업을 기준으로 영상을 만든다고 가정했을 때, 45분짜리 영상이 필요할까? 절대 그렇지 않다. 45분 수업을 쪼개보면, 출석 체크와 아이스브레이킹 시간, 교사가 수업 내용을 설명하는 시간, 교사와 학생이 상호작용하는 시간, 학생끼리 활동하는 시간, 학생 발표 시간, 그리고 교사 평가 시간 등으로 구성되어 있다. 그러므로 온라인 영상 속에서 교사 혼자 45분을 수업하지 않아도 된다. 또한 학생들의 수업 몰입 시간을 감안한다면 교사의 영상은 20분 이내로 간단하게 제작하는 것이 좋다.

교수자의 수업을 듣고 암기해야 하는 입시 중심이 아니라 학습자 스스로 사고하고 자기주도학습을 중점으로 영상 시간과 구성을 고민해야 한다.

2. 영상의 내용

수업 자료에서 가장 중요한 것은 학습 목표와 성취 기준이다. 그러한 점에서 재미를 목적으로 하는 유튜브 영상과 교수자가 제작하는 영상의 목표는 다를 수밖에 없다. 영상 속에서 수업의 목표가 명확하게 제시되어야 하며, 학습자가 핵심 내용을 인지할 수 있도록 구성해야 한다. 하나의 영상에 너무 많은 내용을 담는 것은 전달에 어려움이 있으므로, 전달하고자 하는 내용만 2~3분으로 짧게 편집하거나, 책을 분철하듯 영상을 1, 2, 3 시리즈로 제작하여 따로 또 같이 사용하면 좋다.

한국언론진흥재단의 영상 사례

3. 핵심 발문

배움에서 흥미를 유발하는 가장 강력한 무기는 바로 적절한 발문이다. 핵심 발문은 학습자가 알아야 하는 내용을 깨우치는 사고 활동을 목적으로 한다. 고난이도 기술이므로 발문 기법에 대한 기초적 연구는 좋은 영상 제작에 꼭 필요한 과정이다. 영상 제작은 발문을 중심으로 이를 해소하는 이야기(서사) 구조를 취하면 좋다. 영상이 끝나도 이야깃거리가 있는 여운까지 남기면 영상 시청 후의 학습도 잘 풀리게 된다.

💡 영상 콘텐츠 핵심 발문 사례

① 핵심 발문

- 유튜브에서 영화 〈암살〉을 시청하게 한 후 사회화 과정에 따라 어떠한 사람으로 성장하는지에 대해 질문함

- 남자와 여자의 스타일을 결정하는 요인이 무엇인지 생각하게 하는 발문

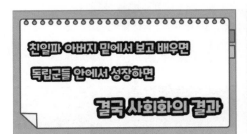

② 성취 기준 분석과 핵심 추구

- 사회화 기관에 대해 간략하게 정의하고, 학습자가 실제 사례를 찾는 과정을 통해 배울 수 있는 핵심 내용으로 구성

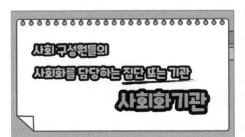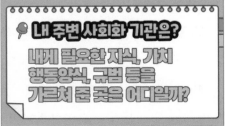

4. 배경음악의 활용

배경음악은 선택이 아니라 필수다. 게임에서 소리가 있는 것과 없는 것은 느낌

에서 큰 차이를 보인다. 그러나 배경음악을 삽입할 때 고려해야 할 것은 저작권이다. 저작권을 피해가기 위해서는 키네마스터와 같은 제작 도구가 제공하는 음악이나, 유튜브와 같은 플랫폼에서 무료로 제공하는 음악을 사용해 보자. 물론 이러한 음원을 사용했을 때 게시하는 플랫폼에도 제한이 있으니 반드시 확인해야 한다. 더불어 학습자가 공감할 수 있는 현장을 영상 속에 삽입하고, 그 현장 소리를 살려서 편집하면 더 좋다.

5. 설명은 NO! 깨우침은 YES!

대면수업에서도 끊임없이 학습 목표를 인지시켜야 한다. 어느 교수자는 수업을 시작할 때 인지시키고, 내용을 설명하면서 다시 한 번 인지시키고, 학생들의 활동이 끝난 후에 다시 한 번 인지시키고, 그리고 수업이 끝날 때 그 학습 목표를 달성했는지 물어보며 다시 한 번 확인한다. 예를 들어 '오늘 학습 목표는 ○○○입니다'로 시작해서, 수업 중 '오늘 학습 목표에 해당하는 것이 이것입니다'로 확인해 주고, '자, 오늘의 학습 목표가 뭐였죠?'로 상기시킨 다음, '여러분은 오늘의 학습 목표에 도달했나요?'로 마무리하는 것이다. 그렇다면 15~20분 정도의 영상에서는 학습 목표를 얼마나 강조해야 할까? 학습 목표나 수업 내용이 짧고 쉽다면 여러 번 확인할 필요가 없다. 반면 내용이 길고 어렵다면 설명하는 동안에도 학습 목표를 익힐 수 있도록 해주어야 한다. 이때 설명을 길게 하라는 것은 아니다.

💡 실제 사례를 바탕으로 구성한 영상 사례

① 세월호 사건에 대한 뉴스와 영상을 통해 선장의 지위와 역할을 생각하게 하고, 현재 코로나 상황에서 의료진의 역할행동에 대한 국민들의 반응을 조사하게 함 -

이를 통해 직접적으로 가르치지 않고 삶을 돌아보며 깨우치게 함

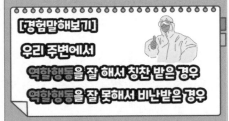

② 문화의 공유성을 가르치기 위해 코로나 상황의 실제 사례를 활용함

③ 온라인 수업으로 부족해지기 쉬운 직간접 경험을 보완하기 위해 다양한 예시

를 제시함

6. 편집보다 콘텐츠로 승부

영상으로 콘텐츠를 제작할 때 그 영상을 시청할 학습자 외에 부모님을 비롯하여 누가 될지 모르는 제3의 인물을 고려하는 교수자가 있다. 하나를 만들더라도 완벽하게 잘 만들어야 한다는 이도 있다. 하지만 잊지 말아야 할 점은 우리는 교수자라는 것이다. 영상 속에 비행기가 지나가는 잡음이 들리더라도 갑자기 내 아이나 동물이 끼어들더라도 크게 신경 쓰지 말자. 그 상황도 위트로 넘기자. '오~ 수업을 응원하는 비행쇼가 있나 보네요'라거나, '오늘은 선생님의 아이도 집에 있네요'와 같이 말이다.

중요한 것은 콘텐츠다. 영상 편집에 들일 시간을 콘텐츠 구성에 쏟아보자. 그러면 학습자는 자연스럽게 영상 속으로 몰입할 것이다.

💡 영상 콘텐츠 제작 사례

"오프라인 수업이었다면 영상에 보이는 빙고 칸에 미디어를 하나씩 작성하여, 재미있는 게임을 했을 거예요. 하지만 지금은 영상으로 수업을 하고 있으니 바로 게임을 할 수는 없겠죠. 그러니 여러분이 빙고 칸에 '미디어'라고 생각되는 것들을 하나씩 채워 과제로 제출해 주세요."

12 파워포인트를 활용한 영상 만들기

영상 속에 교수자의 얼굴을 담아야 할까?

영상 콘텐츠를 제작할 때 오해하는 것 중 하나는 교수자가 카메라 앞에 서야 한다는 것이다. 교수자가 영상 속에 얼굴을 드러내야 학습자가 학습을 제대로 한다고 생각하기도 한다. 하지만 우리는 일타 강사가 아니며, 카메라를 응시하며 강의하는 것에 익숙하지 않다. 또한 일타 강사와 같이 우리가 찍은 영상을 찰떡같이 예쁘게 만들어주는 누군가가 있는 것도 아니다. 그러니 영상 제작이 어렵고 멀게 느껴지는 것이다. 그렇다면 조금 더 쉽고 빠르게 영상을 제작하는 방법이 없을까?

파워포인트로 영상에 파워 더하기

파워포인트로 콘텐츠 활용 수업을 위한 영상을 제작하는 방법은 앞에서도 소개했다. 여기에서는 파워포인트를 조금 더 맛깔스럽게 이용하는 방법을 살펴보자.

파워포인트 외에도 독특한 디자인으로 무장한 망고보드와 미리캔버스 등의 프레젠테이션 도구를 활용하면 더욱 멋진 영상을 제작할 수 있다.

1. 파워포인트에 이미지로 파워 올리기

핵심을 담는다는 것은 글을 많이 사용한다는 의미가 아니다. 학습자를 끌어들이려면 글자 수가 아니라 공감할 수 있는 촌철살인의 힘을 가진 이미지가 있어야 한다. 광고에 비유하면 글이 많은 인쇄 광고보다 시각적으로 자극하는 영상 광고가 더 끌리는 것과 같다. 이렇게 시각적 이미지를 잘 활용하여 생각의 저장을 도와보자.

💡 학습자 참여 높이는 제작 사례

이미지를 이용하여 학습자의 궁금증을 유발하는 퀴즈로 제작한 사례

: 사회과의 '문화의 공존' 단원에서 '한 나라의 모습'을 설명하기 위해 처음부터 텍스트를 이용하기보다 이미지를 이용하여 학습자의 호기심을 유발할 수 있도록 구성함.

2. 광고처럼 파워 올리기

광고는 15~30초의 짧은 시간이지만, 사람들의 기억을 사로잡기 위해 갖가지 방법을 동원한다. 여기에서 애플의 광고를 잠깐 살펴보자.

애플의 광고는 제품 출시와 함께 늘 관심을 끈다. 그것은 애플만의 마케팅 공식 때문인데, 바로 '공감, 집중, 부여'이다. 이는 우리가 수업에서 학습자에게 이끌어 내고자 하는 것과 같다. 애플 광고는 그것을 보는 사람이 특정 감정을 느끼게 하여 공감대를 형성하고자 한다. 그래서 타사가 기기의 성능을 소개할 때 애플은 사람과 연관하여 이야기한다. 친구나 가족이 전화를 주고받거나, 폰을 한 손으로 잡았을 때와 같은 느낌 말이다. 그리고 여러 가지 제품을 늘어놓기보다 새로 출시하는 제품 한 가지와 그와 관련된 몇 가지에 집중하는 마케팅 전략을 사용한다. 또한 폼생폼사로 제품을 멋지게 표현하는 것에 신경 쓴다. 사람들은 보여주는 대로,

표현하는 대로 받아들인다는 점을 이용하는 것이다. 그래서 광고 속에 성능과 연관된 이야기가 전혀 없어도 아이폰을 구매하게 된다.

이런 마케팅을 바탕으로 만들어지는 광고는 '소개, 스펙, 스토리, 잊히기'의 방법을 사용한다.

새로운 것을 소개할 때는 신나는 음악으로 뽐낸다. 그리고 새로운 제품의 스펙을 이야기할 때는 현재 사용하는 구닥다리와 앞으로 나올 신제품을 차별화하기 위해, '역대급', '뉴'골드, '더' 빠르다 등과 같이 어렵고 화려한 단어를 사용하기도 한다. 한글로 번역하니 좀 심심한 감이 있지만, 영어에서 조금 더 어려운 단어를 찾아 표현한다. 그리고 이 제품을 어떻게 사용하면 되는지에 대한 스토리를 공개한다. 가령 '딸의 공연을 보고 있다고요? 그럼 아이폰으로 저장하세요', '조별 과제를 하고 있다고요? 그럼 아이패드로 해결하세요'와 같이 생활 속의 소재로 환심을 살 만한 이야기를 꺼낸다.

이러한 것을 '라이프스타일 광고'라고 하는데, 이미지나 캐릭터를 강조하고자 할 때 쓰인다. 액션 카메라 고프로는 신나는 모험을, 톡 쏘는 코카콜라는 가족과 행복을, 시원한 맥주는 젊음과 파티를 광고에 담아서 보여준다. 브랜드 또는 제품의 정체성을 드러내고, 이미지를 통해 제품을 판매하고자 하는 전략이다.

우리의 영상도 이러한 광고와 같이 '공감, 집중, 부여, 그리고 스토리'로 무장해보자.

💡 광고의 한 장면처럼 제작한 사례

① 학습자가 공감할 수 있는 소재 활용

: 준거집단의 개념을 이해시키는 콘텐츠를 제작하기 위해 학습자들이 공통으로

봤을 〈주토피아〉라는 애니메이션 주인공 주디가 경찰이 되기 위해 노력했던 내용을 바탕으로 준거집단을 이야기함

② 광고 형태로 구성

: 잘못된 문화 이해 태도인 문화 사대주의와 자문화 중심주의의 특징을 쉽게 이야기하기 위해 광고와 같이 구성한 사례

3. 퀴즈로 학습력 올리기

영상 시청만으로는 학습력을 올리기 쉽지 않다. 한 귀로 듣고 한 귀로 흘린다는 표현이 해당하는 경우다. 그래서 한 귀로 들어온 정보를 두뇌에서 한 번 멈추게 하는 작업이 필요하다. 소위 배움이 일어나는 구간을 만들어야 하는 것이다. 가장 좋은 방법으로 영상 속에 퀴즈나 과제 등을 삽입하는 것이다.

"선생님, 과제는 몇 분쯤에 나와요?"

"과제를 영상 끝에서 다시 한 번 알려주시면 안 될까요?"

이러한 학습자들의 꼼수를 방지하기 위해 영상 중간에 퀴즈와 과제를 삽입해 보자. 학습자가 처음부터 영상을 제대로 봤는지, 교수자가 의도한 바를 제대로 이해했는지, 학습한 것을 자기 것으로 만들고 학습력을 향상시켰는지 확인할 수 있다.

💡 학습자의 참여를 높이는 제작 사례

① 체크리스트를 제시하고 학습자의 생각을 제출하도록 구성

: TV 비평 전문가가 되어 대중문화를 비평해 보자.

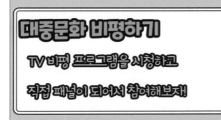

② 교수자가 일방적으로 지도하기보다 학습자의 참여를 높이는 형식으로 구성한 사례

: 재난을 대비하기 위해 미리 준비해야 할 것은 무엇인가? 10가지 담기

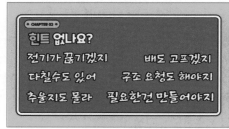

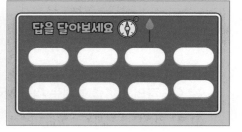

③ 학습자가 특정인의 입장이 되어 생각해 보도록 구성한 사례

: 호텔 기획자가 되어 문화 지역을 고려한 인테리어를 구성하라

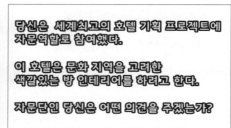

④ 탐정 소설이나 영화와 같이 학습자가 문제를 추리하고 해결해 가도록 영상 구

성한 사례

: 기후 특징을 통해 실종된 김 박사를 찾아라

더빙을 활용한 대화형 영상 만들기

미디어는 정보의 바다

영상을 만들 때 고민하는 것 중 하나가 목소리다. 물론 교수자가 자신의 목소리로 녹음을 하면 학생들에게 친근감과 신뢰감을 줄 수 있다. 목 상태를 항상 좋게 유지한다면 문제가 되지 않겠지만, 실제로 우리의 목은 잠기거나 갈라지거나 탁해진다. 그래서 발음에 더 신경 쓰다 보면 어떤 때는 성우처럼 예쁜 목소리를 가진 교수자가 부럽기도 하고, 매끄럽지 않은 자신의 목소리에 한계를 느끼기도 한다.

그래서 녹음을 최소로 하고 싶지만 더 많은 것을 전달하려다 보면 부연 설명이 길어져 말이 많아진다. 결국은 최소가 아닌 최대가 되기도 한다. 이렇게 늘어지는 설명을 교사 한 사람의 목소리로, 영상의 처음부터 끝까지, 특히 음의 높낮이가 일정하게 유지되는 영상은 지루하기 마련이다. 특히 대화체 형식의 영상은 더욱 밋밋하게 들릴 것이다. 그렇다고 매번 누군가의 도움을 받을 수도 없다.

AI로 보이스 더하기

이럴 때 AI의 힘을 빌려 역할에 어울리는 목소리를 사용하면 기대 이상의 효과를 낼 수 있다. 가령 조금 딱딱할 수 있는 '정의' 파트는 AI로 깔끔하게 정리하여 들려주고, 부연 설명은 교수자가 이어서 한다. 그리고 대화가 필요한 부분은 AI를 이용하여 주거니받거니하면서 저장해 보자. 학습자의 입장에서 학습자와 같은 목소리로 묻고, 교사의 답이 적절하게 어우러진다면 공감 가는 편안한 영상을 만들 수 있다.

🔍 클로바더빙 사용 방법

① 클로바더빙 녹음

클로바더빙 접속 ▶ 서비스 제휴 신청 ▶ + 새 프로젝트 생성 ▶ 프로젝트명 입력 후 생성 ▶ 더빙할 내용 입력 ▶ 목소리(아라, 민상, 다인 등) 선택 ▶ + 더빙 추가 또는 enter ▶ 다운로드 ▶ 개별 더빙 파일 또는 음원 파일 선택 ▶ 다른 이름으로 저장 ▶ 확인

② 저작권 해결

다운로드 ▶ 워터마크 다운로드 : 클로바더빙의 합성음 사용 시 출처를 영상 내 워터마크 또는 자막으로 명시해야 함. (팟캐스트와 같이 음성으로 제작되는 파일을 가져와 사용할 때는 콘텐츠 시작 부분에 제작 도구에 대한 출처를 밝히면 된다.)

③ 클로바더빙으로 영상 녹화

클로바더빙 접속 ▶ 서비스 제휴 신청 ▶ + 새 프로젝트 생성 ▶ 프로젝트명 입력 후 생성 ▶ 동영상 추가 ▶ 타임라인을 더빙 입력할 자리에 놓음 ▶ 더빙할 내용

입력 ▶ 목소리(아라, 민상, 다인 등) 선택 ▶ + 더빙 추가 또는 enter ▶ 다운로드
▶ 영상 파일 선택 ▶ 다른 이름으로 저장 ▶ 확인(영상으로 저장하는 경우, 우측
상단에 워터마크 자동으로 삽입)

④ 영상에 삽입

파워포인트 또는 영상 편집 과정에 다운로드 파일 삽입 ▶ 파워포인트에서 비디
오 확장자로 저장 또는 영상 저장

14 온라인 모둠 수업

모둠 수업의 변화

대면수업이 이루어지는 오프라인 교실은 책상을 모둠 형태로 배치하는 경우가 많다. 학습 과정에서 학습자 간의 상호작용을 원활하게 하기 위한 것이다.

하지만 온라인 수업에서는 자리를 모둠으로 배치하기가 쉽지 않다. 실시간 쌍방향 수업을 위한 줌의 경우 학습자의 창을 교수자가 임의로 나열할 수 없다. 그렇기 때문에 온라인 모둠 수업은 생각보다 어렵다.

온라인 모둠 수업을 위한 다양한 방법

그럼에도 불구하고 수업을 진행하다 보면 모둠끼리 활동하는 시간이 필요하다. 토의도 그렇고 토론도 마찬가지다.

💡 줌에서 모둠을 구성하는 방법

① 이름 변경

- 이름 앞에 모둠 번호 붙이기 : 1모둠 나영희, 열린팀 전유성

② 소회의실 이용

- 소회의실 이동(자동으로 할당 / 수동으로 할당 / 참가자가 소회의실을 선택하여 '허용 중' 선택 ▶ 만들기 클릭 ▶ 모든 회의실 열기)

: 이때 학습자의 미디어 기기 또는 줌의 업그레이드 상태에 따라 스스로 '참가자가 소회의실을 선택'할 수 없는 경우도 있음. 교수자가 학습자를 소회의실로 보내주어야 함.(이를 위해 사전에 학습자 이름에 모둠 번호를 붙여야 하며, 가급적 1모둠과 같이 숫자로 하는 것이 좋다.)

: 교수자가 소회의실 전체에 메시지를 보내고자 하는 경우, '메시지를 전체에게 브로드캐스트' 클릭하여 메모 작성 ▶ 브로드캐스트(이 경우 전체가 채팅으로 내용 전달)

③ 여러 대의 미디어로 소회의실 상황을 확인하고자 할 때

- 교수자가 학습자의 모둠 활동 상황을 확인하기 위해 소회의실에 참여하고자 하는 경우

: 소회의실 창의 회의실1 / 회의실2 옆에 있는 참가 클릭 ▶ 참가하시겠습니까? '예' 확인 ▶ 회의실에 참가 중 ▶ 회의실에 참가 ▶ 소회의실 화면 오른쪽 아래 '소회의실 나가기' 클릭 ▶ '소회의실 나가기' 한 번 더 클릭 ▶ 메인 세션으로 돌아가는 중 ▶ 귀하는 메인 세션에 있습니다

(이 경우 들고나는 과정에서 시간이 걸리므로 모둠의 수를 적당히 줄이는 것이 포인트)

- 여러 대의 미디어 기기로 소회의실 참여

: 수업을 위한 기본 컴퓨터를 제외하고, 모둠 수만큼 미디어 기기(스마트폰, 태블릿, 노트북 등) 준비함. 기본 컴퓨터는 메인 세션에 남겨두고, 나머지 미디어 기기를 각각의 소회의실에 함께 입장시킴. 이때 모든 기기의 오디오를 연결할 수도 있고, 기본 컴퓨터의 오디오만 남길 수도 있음.(온라인 수업에서 한 사람이 여러 대의 미디어를 사용하여 접속하는 경우 한 대는 오디오를 연결하고, 나머지는 '오디오 없이' 연결해야 한다. 처음 접속 시 '인터넷 연결'이나 '전화 연결'을 클릭하지 않으면 오디오 없이 연결된다. 이는 여러 대가 접속했을 때 하울링이 발생할 수 있기 때문이다. 소회의실에서 학습자의 소리까지 들으며 회의에 참여하고 싶다면 소회의실에 입장할 때 오디오를 연결하면 된다.)

④ 한 대의 미디어로 소회의실 상황을 확인하고자 할 때
- 교수자가 한 대의 미디어 기기로 여러 모둠의 활동 상황을 확인하고자 하는 경우 줌 소회의실 외 구글 미트 회의실을 추가로 개설함.(구글은 ID를 여러 개 만들 수 있고, 한 대의 컴퓨터에서 여러 개의 구글 미트 회의실을 열 수 있다.)
: 구글 아이디1로 로그인 후 구글 미트 열기 ▶ 새창 열기 ▶ 구글 아이디2로 로그인 후 구글 미트 열기 ▶ 새창 열기 ▶ 구글 아이디3으로 로그인 후 구글 미트 열기 ▶ 줌 채팅 창에 각 구글 미트 주소 공유 ▶ 한 대의 모니터에 4개의 창을 열고 학습자 회의 상황 모두 확인 가능(모니터가 작다면 모둠을 많이 개설하지 않는 것이 좋음)

이렇게 준비를 마쳤다고 해서 모둠 활동이 잘 이루어지는 것은 아니다. 물론 많은 학습자가 한 곳에 모여 있었던 공간보다 부담은 적다. 하지만 온라인이라는 디지털 미디어 환경에 익숙하지 않고, 자신의 모습이 화면에 보이는 것 자체가 부담되며, 감시자로 느껴지는 교수자가 없기 때문에 소회의실에서 입을 다무는 학습자들이 많다. 그러다 보니 모둠 활동이 원활하게 진행되지 않는다. 또한 대면수업이었다면 비언어적인 신호로 알 수 있는 것들을 온라인 수업에서는 느낄 수 없기에 어려움이 발생하기도 한다. 무엇보다 평소 대면수업에서 말이 없던 학습자는 온라인에서도 말이 없다. 그래서 온라인 모둠 수업이 잘 이루어지기 위해서는 모둠 구성을 신경 써야 한다. 디지털이 낯선 학습자, 분위기 파악이 어려운 학습자, 원래 말이 없는 학습자가 한 모둠에 있지 않도록 말이다.

처음부터 자신의 생각을 이야기하기보다 학습자들 간의 상호작용이 일어날 수 있는 간단한 활동부터 시작해 보자. 교수자 없이 학습자들끼리 모인 공간에서 학습하는 것이 익숙해진 뒤에 토의와 같이 자신의 생각을 이야기하는 활동으로 넘어가자.

💡 모둠 학습에서 학습자가 말하도록 진행하는 방법

① 발표할 수 있는 시스템 구축

- 오늘은 생일이 가장 빠른 사람이 모둠의 리더가 됩니다.

- 오늘은 발 크기가 가장 큰 사람이 리더가 됩니다.

- 오늘은 머리가 가장 긴 사람이 리더가 됩니다.

② 모둠 토의에서 나눠야 할 내용과 문장을 구체적으로 제시하기

- 지금부터 우리 각자를 사회적 인간으로 만들어준 것을 한 가지씩 이야기해 보겠습니다.

* 토론의 경우 사회자의 말하기가 정해진 것과 같이 주제 등을 (괄호)로 처리한

기본 문장을 항상 사용해도 좋다.

- 오늘의 주제는 (사회적 인간)입니다. 저의 (오른쪽)에 계신 분부터 돌아가면서 (자신이 사회적 인간이라고 생각하는 이유)를 한 가지씩 이야기해 보겠습니다.

15 수업 자료를 온라인 포트폴리오로 남기기

해가 바뀌면 사라지는 학생들의 온라인 수업 결과물

코로나19 이전부터 온라인과 연계하여 수업하면서 항상 남는 고민이 있었다. 학생들이 열심히 참여한 온라인 수업의 결과물이 학년이 바뀌고 교사가 바뀌면 학생들에게 남는 것이 없다는 점이다. 그렇다고 온라인 결과물을 출력하여 가지고 있게 할 수도 없었다.

학생들이 졸업할 때가 되면 교사는 학생의 진학을 위해 다양한 측면에서 고민한다. 이때 온라인 수업의 결과물이 포트폴리오로 남아 있다면 도움이 될 텐데, 아쉽게도 온라인 수업에서 활용된 모든 자료는 교사에게 제출되고 그 상태로 사라지기도 한다. 오랜 시간 동안 최선을 다해 참여한 활동의 결과물을 살리려면 어떻게 해야 할까?

'구글 사이트 도구' 활용하기

구글 사이트에는 '개인 홈페이지'를 만들 수 있는 기능이 있다. 이전까지의 홈페이지를 떠올리면 어렵고 복잡한 프로그래밍 능력이 있어야 한다고 생각하기 쉽다. 하지만 구글이 제공하는 구조화된 위키 및 웹페이지 제작 도구인 '사이트 도구'를 활용해 쉽게 만들 수 있다.

사이트 도구를 이용하여 자신의 기록물과 생산물을 관리하면, 온라인 포트폴리오를 갖게 되는 것이다. 물론 네이버 블로그를 활용해도 좋다. 하지만 유튜브나 게임의 영향인지 네이버 아이디보다 구글 계정이 있는 학습자가 많다. 그런 점에서 구글 사이트 도구를 활용하는 것이 최적이다.

학습자가 자신만의 홈페이지를 가질 수 있게 되면 원격수업이 늘어난 시점에서 더욱 큰 도움이 된다. 특히 진학에 대한 고민이 필요한 시점에서, 학습자 스스로 자신의 결과물을 모은 포트폴리오를 활용할 수 있다는 것이 장점이다. 특히 사이트 도구의 '페이지' 기능을 활용하면 모든 과목을 별도 메뉴로 만들 수 있어 홈페이지 한 곳에서 모든 교과의 원격수업을 포트폴리오로 만들어 소유할 수 있다.

🔍 구글 사이트 도구 사용법 지도하기

1. 원격수업에서 교수자의 설명을 들으며 홈페이지를 만들어야 하기 때문에 줌과 같은 실시간 수업 플랫폼을 활용하는 것이 좋다.
2. 교사는 화면 공유를 통해 학생들에게 구글 사이트 도구에 접속하는 방법을 안내한 후 홈페이지 제작을 따라 할 수 있도록 안내한다.

3. 제작하는 방법은 다음과 같다.

구글 로그인 ▶ 구글 앱 ⅲ 클릭 ▶ '사이트 도구' 클릭 ▶ 오른쪽 하단의 ⊕ 클릭 ▶ 새로운 사이트 도구 열기 ▶ 화면 오른쪽 '삽입' 클릭 ▶ 텍스트 상자, 이미지, 삽입, 드라이브 등 활용하여 내용 추가▶ 오른쪽 상단 '게시' 클릭 ▶ 사이트 주소 공유

연번	메뉴명	사용 방법
1	텍스트 상자	텍스트를 넣을 경우 선택
2	이미지	컴퓨터나 웹상의 그림을 삽입할 경우 선택
3	삽입	링크를 활용하여 페이지를 넣을 경우 사용 패들렛, 멘티미터 등 다른 도구를 이용하여 수업했던 결과물을 모두 가져올 수 있다.
4	드라이브	구글 드라이브에 있는 내용을 가져온다. 학생들이 구글 클래스룸에 작성한 자료들이 저장되는 곳이다.

🔍 구글 사이트 도구 입력

① '내 페이지 제목' 칸은 학생의 '학번+이름'으로 변경하고 학생의 재량으로 홈페이지를 자유롭게 꾸밀 수 있게 허용한다.

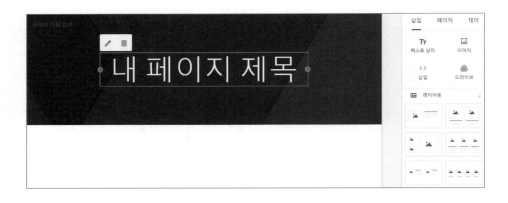

② 여러 과목을 하나의 홈페이지에 정리할 경우 오른쪽 상단 '페이지' 클릭 ▶ 하

단의 + 클릭 ▶ 새로운 페이지 만들기 ▶ 과목 이름으로 수정

③ 본 화면에 내용을 가져온 후 글을 쓰고 싶은 곳을 더블클릭 ▶ 원형의 메뉴 창

열림 ▶ 'T(텍스트)'를 클릭하면 글 작성

이름	사건1-가족살인	사건2-알바생에게 갑질	사건3-몰카 촬영
1모둠	유죄로 징역 6년을 선고한다. 그 이유는 (살인-폭력)의 등식이 일치하지 않기 때문입니다. 그리고 살인이지만 정당방위(형이 먼저 폭력을 행사함)가 인정되므로 형량 감형, 징역 6년	유죄로 벌금 50만 원과 피해보상금 10만 원을 구형한다. 그 이유는 알바생의 잘못도 아닌데 직원에게 피해를 가하고 갑질을 행사했기 때문에 벌금 50만 원과 피해 보상금 10만 원	유죄로 징역 1년 8개월을 구형한다. 그 이유는 몰카를 시도 했었고, 앞으로 재범의 가능성이 있기 때문이다. 애초에 여자 화장실에 들어간 것도 남자의 잘못이다. 그러므로 징역 1년 8개월
2모둠	유죄 인정 : 유기징역 12년 구형-상습적인 폭행으로 인한 우발적인 행동이었지만 과잉치사로 볼 수 있다. 칼로 찔러 형을 살인하게 되었기에 존속살인죄에 해당된다고 생각	벌금 10만 원 및 피해보상금 10만 원 – 정신적 피해 보상 및 세탁비 포함	벌금 100만 원 0 몰카 시도를 했고, 설사 찍힌 것이 없어도 재범할 가능성이 높음
3모둠	유기징역 5년을 구형한다. 정당방위를 넘어선 과잉방어에 해당하기 때문이다.	벌금 20만 원을 구형한다. 알바생에게 신체적인 상해를 직접적으로 자하지 않았기 때문이다.	벌금형 500만 원을 구형한다. 법조사실을 인정했으나 불법촬영에 대한 정확한 증거가 없으므로 벌금형에 구형한다.

④ '교과명+학번'으로 홈페이지 주소 만들기 ▶ '게시' 클릭

(예 : 대한중학교 2021학년도 1학년1반1번 ⇨ 'dh2110101'로)

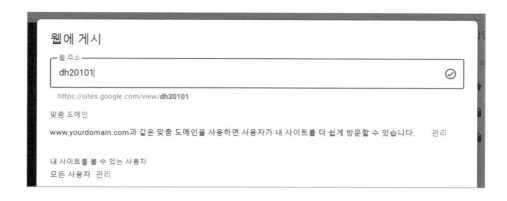

⑤ 완성된 주소를 구글 클래스룸을 통해 공유하면 홈페이지가 완성된다.

💡 학습자의 개인 홈페이지 사례

3장
과목별 블렌디드 러닝 노하우

온라인 수업은 다양한 미디어 플랫폼과 디지털 프로그램을 활용하여 가르치고 확인한다. 그래서 기존에 개발된 다양한 도구들의 사용법에 대한 관심이 많아졌고, 실제 그러한 영상들도 쉽게 찾아볼 수 있다. 하지만 이것만으로 수업을 효과적으로 진행하기는 쉽지 않다. 왜냐하면 그 도구들이 어떤 과목이나 어떤 유형의 학습에 최적화되어 있는지를 보여주지 않기 때문이다. 가령 국어나 영어 같은 언어 과목은 말하기, 듣기, 읽기, 쓰기를 잘 지도할 수 있는 프로그램이 각기 다를 것이고, 사회는 세계지도를 활용할 수 있는 프로그램이 필요할 것이다. 수학이나 과학은 판서를 하며 가르칠 수 있어야 한다.

여기에서는 기존에 개발된 프로그램들 가운데 실제 수업에 활용했던 사례들을 바탕으로 과목별로 효과적인 수업 방법을 제시하며 미래형 수업에 대해 이야기하고자 한다.

16 (언어영역)
듣기, 읽기 수업의 노하우

이해 중심의 듣기와 읽기를 효과적으로 가르치려면

국어, 영어를 비롯하여 중국어, 일본어와 같은 언어 과목은 말하기, 듣기, 읽기, 쓰기로 나뉘어 있다. 하지만 온라인 수업이 시작되면서 이와 같이 구분하여 지도하기가 어려워졌다.

이해 중심인 듣기와 읽기 수업을 실시간 쌍방향 도구인 '줌'을 활용하여 진행한 적이 있다. 가르쳐야 할 콘텐츠가 분명하고 강의식으로 전달할 내용이 많다 보니 실시간으로 하면 효과적일 것이라고 생각했다. 하지만 실제 수업을 해본 결과 실시간 쌍방향 수업 도구를 통해 대화나 담화가 포함된 교과서로 효과적인 듣기 수업을 하는 것이 쉽지 않았다. 읽기 수업 역시 학생들의 이해도를 점검하기 어려웠고, 무엇보다 실시간으로 수업을 들으며 놓친 부분을, 학습자 스스로 확인하고 반복하도록 하기가 어려웠다. 그래서 온라인상에서도 효과적으로 가르칠 수 있는 방법을 고민하게 되었다.

영상 콘텐츠 제작과 '티처메이드' 활용

강의 형태로 지도해야 하는 내용과 대화 형태의 콘텐츠는 실시간 쌍방향으로 수업하는 것보다 영상을 제작하는 것이 더욱 효과적이다. 듣기와 읽기 수업을 영상으로 만들어 제공하면 다음과 같은 장점이 있다.

1. 학습자가 영상을 반복하여 볼 수 있다.
2. 학습자가 자신의 속도에 맞게 주도적으로 학습할 수 있다.
3. 교수자는 한 개의 영상을 반복해서 사용할 수 있다.

일단 실시간이 아니기 때문에 한 번에 알아듣기 힘든 대화나 담화를 반복하여 청취할 수 있다. 또한 학습 속도가 빠른 학생과 느린 학생의 격차를 걱정하지 않아도 된다. 이러한 자료는 학생들의 시험 기간에 빛을 발한다. 학생 스스로가 자신이 어려워하는 내용을 반복하여 학습할 수 있기 때문이다. 교사의 입장에서도 이렇게 구성된 영상 하나를 여러 반에서 사용할 수 있다는 것이 장점이다.

하지만 영상 제작에 부담을 느끼는 분들이 많다. 한 차시의 영상을 만들기 위해 2~3시간 이상 소요되기 때문이다. 화려한 PPT, 유명한 크리에이터의 영상 같은 깔끔한 편집, 군더더기 없는 말솜씨 등 영상 제작을 어렵게 만드는 것이 한두 가지가 아니다. 더러는 이렇게 멋진 영상을 제작하는 교사들도 있다. 앞에서도 언급했듯이 이러한 형태의 제작이 얼마나 오래 유지될 것인가 하는 것이다. 한 차시에 너무나 많은 에너지를 소비하면 온라인 수업 전체가 부담으로 다가올 것이다. 여기서는 쉽고 편하게 영상을 제작하고, 이해 중심인 듣기와 읽기 수업에 적용 가능한 팁을 소개하고자 한다.

💡 읽기 수업을 위한 영상 촬영 방법

① 문서 작성 프로그램 활용

: 교수자의 준비 시간을 줄여줄 뿐만 아니라 학습자 스스로 필기를 하며 들을 수 있어 학습 효과가 크다.

② 판서가 가능한 프로그램 활용

: 읽기 수업의 경우 설명할 내용이 많으므로 판서가 가능하고 편리한 디지털 도구를 함께 사용한다.

아이캔노트는 소수의 교수자와 개발자가 모여서 열정페이로 만든 전자필기 프로그램이다. 아이캔노트의 장점은 다양한 색상을 활용하여 자유롭게 표현할 수 있다는 것이다. 그래서 종이에 쓰는 것보다 편리하며 바로 수정이 가능하다는 장점이 있다. pdf, hwp, ppt, doc 등의 교재 파일을 불러와서 판서를 하며 수업할 수 있고 필요한 이미지(사진, 지도 등)도 불러올 수 있으며, PDF 저장도 가능한 온라인 수업 도구다. 하지만 컴퓨터나 노트북과 같은 윈도우에서만 작동되며, PPT의 슬라이드 기능은 이용할 수 없다. 또한 자연스러운 필기를 위해서는 펜을 활용하는 것이 좋다.

🔍 판서가 편리한 '아이캔노트'

아이캔노트 접속(https://cafe.naver.com/icannote) ▶ 프로그램 다운로드 ▶ 압축 풀기 ▶ 설치 ▶ 사용 설명서(http://icannote.com/help/intro.html) 참고

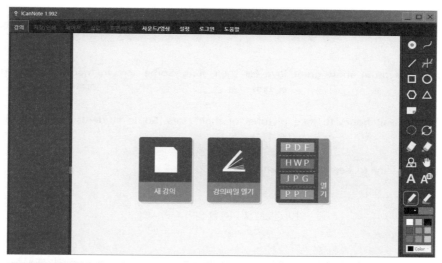

간혹 교수자 자료와 학습자 자료가 다른 경우가 있다. 교수자가 보여주는 것은 파워포인트로 정리된 화면이라면, 학습자는 한글 문서로 작성된 자료인 것이다. 이 경우 파워포인트를 보고 설명을 들으면서 해당 내용이 내 자료의 어디쯤에 있

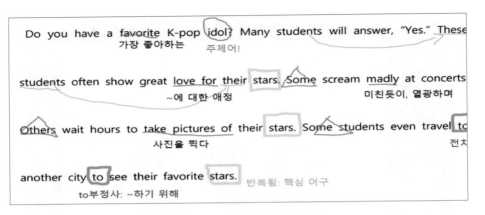

아이캔노트를 이용한 읽기 수업 사례

는지 찾다가 시간을 소비하기도 한다. 그래서 학습자의 연령과 강의의 특징에 따라 다르기는 하지만 교과서가 가장 좋은 수업 도구일 때가 있다. 이럴 때 '아이캔노트'가 유용하다.

위의 이미지는 실제 영어 수업에서 사용하기 위해 문서 작성 도구를 활용하여 본문을 그대로 옮겨 적은 학습지다. 문단 사이는 판서할 수 있도록 간격을 넉넉하게 만들었다. 그리고 아이캔노트에 학습지를 띄우고 설명하면서 판서를 했다. 학습자 또한 영상을 보기만 하는 것이 아니라 자신이 가진 교과서 또는 학습지에 필기하며 수업을 듣는다.

개념 정리와 내용 흐름이 중요한 읽기 수업에서는 설명할 내용이 많기 때문에 판서가 쉬워야 한다. 과목에 따라 어휘나 문법, 스토리 전개 등에 대한 설명을 중심으로 풀어간다. 이렇게 설명할 내용과 추가할 것이 많을 때는 하나씩 채워가는 수업 방법이 더 효과적이다. 간혹 이미 다 작성된 학습지나 PPT를 사용하여 영상을 제작하는 경우도 있는데, 이보다 진도에 따라, 교사의 설명에 따라, 순차적으로 판서를 할 때 학습자의 인지력을 높일 수 있다. 그리고 무엇보다 중요한 것은 학생 스스로 기록하며 기억할 수 있도록 하는 것이다.

듣기 수업에 아이캔스크린 또는 OBS 스튜디오 활용

읽기에서 아이캔노트를 활용했다면, 듣기에는 같은 개발자들이 만든 모니터 화면 판서 도구 '아이캔스크린'을 활용해 보자.

듣기 수업을 위해 영상을 제작할 때는 주어진 대화와 지문을 들을 수 있는 영상을 제시하는 것이 좋다. 영어 과목에서는 녹음된 대화나 담화가 대표적이다. 교사가 읽어주는 것보다 CD나 e-교과서에 내장되어 있는 파일을 이용해 함께 녹화하는 것이 효과적이다.

아이캔스크린을 이용한 듣기 수업 사례

　이러한 듣기 영상 촬영은 아이캔스크린이나 OBS 스튜디오를 활용하면 편리하다. 이 프로그램은 화면 자체를 영상으로 전환하기 때문에 듣기 파일을 실행해도 함께 녹음이 가능하다는 장점이 있다. 단, 어디까지나 교육을 목적으로 하며, 학생들의 수업을 위해서만 사용해야 한다. 유튜브와 같이 개인 저작물을 자신의 것처럼 사용하는 것은 저작권에 문제가 될 수 있으며, 이외의 경우에도 저작권에 문제가 없는지 유의해야 한다.

영상에 대한 학습 점검은 '티처메이드' 활용

영상으로 제공하는 콘텐츠 활용 중심 수업의 단점은 학습자가 얼마나 학습했는지 눈으로 확인하기 어렵다는 것이다. 따라서 매 차시 수업을 구성할 때마다 학습자의 이해 정도를 확인하는 점검 장치가 필요하다. '티처메이드'는 학생들이 문제를 풀면 자동으로 채점을 해주고, 교사가 한눈에 결과를 볼 수 있다. 라이브워크시트와 비슷한 기능이 많고 무료로 사용할 수 있다.

티처메이드가 아니더라도 학생들의 듣기와 읽기에 대한 학습 상황을 점검할 필요가 있다. 이러한 점검을 수업 절차에 삽입하기만 해도 학생들은 영상에 더 집중할 것이다. 오프라인 수업에서도 이러한 디지털 도구를 활용한 점검은 필요하다.

티처메이드를 이용한 학습 점검 사례

온라인 수업 구성_수업 영상을 통한 듣기와 읽기 수업

【학습 목표】 영상 통해 듣기/읽기 콘텐츠를 스스로 정리하고 점검한다.
(의사소통 역량) 음성, 문자 등을 활용하여 영어 듣기/읽기 콘텐츠를 이해한다.
(자기관리 역량) 자기 주도적으로 듣기/읽기 콘텐츠를 학습하고 점검하며 학습에 대한
자율성과 책임감을 기른다.

【준비물】
온라인 수업 도구 : 아이캔노트(읽기), 아이캔스크린(듣기), OBS 스튜디오(듣기), 티처
메이드
학습자 준비물 : 학습지, 필기도구

단계	수업 내용	교사 안내서
도입	· 줌으로 학생 출결 확인 · 듣기/읽기 학습 목표 제시	· 사전 제작된 영상과 학습지를 안내하고 영상 시청 후 학습 점검을 위한 티처메이드에 대해 설명한다.
내용	· 사전에 제작한 듣기/읽기 영상을 플랫폼(e-학습터 등)을 통해 공유 · 학생들은 영상을 보며 학습지 완성 · 티처메이드를 이용해 듣기/읽기 영상에 대한 내용 점검	· 줌으로 영상을 공유하면 끊김 현상이 심하기 때문에 e-학습터나 링크 공유를 통해 영상을 보게 한다. · 학생들 스스로 정리한 학습지는 포트폴리오로 모아두게 한 후 등교 수업 때 확인하면 좋다.(수행평가나 생활기록부 근거 자료가 됨.) · 티처메이드 최소 통과 %를 제시해 학생들이 반복적으로 문제를 풀게 한다. 예시 : 80% 이상 점수를 받아야 통과
정리	· 티처메이드를 반복해서 풀어보며 학습 목표 정리 유도	· 티처메이드 결과를 보고 전체 피드백이 필요한 내용을 다음 차시 초에 설명한다.

수업을 위한 학습지

Conversation – 대화문 듣고 빈칸 채워보기

❶ B: Hi, Minsu! Good to see you again. How have you _____?
  G: I've been _____. Thank you.
  B: How was _____?
  G: It was great. I went to see my family, and I loved it.

❷ B: Hey, long time no _____.
  G: Yeah. How _____ you been?
  B: _____, thanks. How was your _____ to Jeju?
  G: It was really good. I went to _____ and enjoyed beautiful beaches.

Function – 안부 묻고 답하기

1. 한동안 보지 못했던 상대방에게 그동안 어떻게 지냈는지 안부를 물을 때

2. 자신이 어떻게 지냈는지 답할 때

(언어영역)
의사소통 능력을 기르는 말하기 수업

표현 중심 말하기를 온라인에서 가르치려면

영어에서 말하기와 쓰기는 학습자의 표현과 교사의 피드백이 중요하다. 말하기와 관련하여 30여 명의 학습자와 줌 안에서 함께 수업하며, 질문으로 말하기를 유도한 적이 있다. 학습자에게 한 명씩 말하도록 지도하는 것은 가능했으나 이에 대한 피드백을 줄 수가 없었다. 쓰기도 마찬가지다. 온라인에서 주제를 주고, 자신의 생각을 글로 작성하여 오프라인에서 공유하도록 했지만 크게 효과적이지 않았다.

특히 즉흥적으로 말하기와 쓰기를 하기 힘든 영어 과목에서는 표현을 생각할 시간을 충분히 주어야 하고, 그것을 외국어로 전환하기 위한 여러 가지 도움도 필요하다. 이러한 것을 온라인 수업에서 어떻게 해결할 수 있을까?

'클레버봇'으로 말하고, '라이브워크시트'로 점검

말하기는 무엇보다 말하려는 목적과 의사소통 능력이 중요하다. 이는 실시간 쌍방향이나 콘텐츠 제공 방법 모두 가능하므로 수업의 플랫폼보다는 학습자가 실제로 입을 열고 연습할 수 있도록 돕는 프로그램의 활용이 필요하다.

클레버봇은 인공지능 챗봇이다. 기본적으로 쓰기의 형태로 대화를 하게끔 세팅되어 있다. 하지만 마이크 버튼을 누르고 말을 하면 그것이 글자로 인식되어 대화가 되는 방식을 이용해 말하기 학습에 사용 가능하다.

🔍 말하기 학습이 가능한 '클레버봇'

클레버봇 접속(https://www.cleverbot.com) ▶ 입력 창 오른쪽 마이크 클릭 ▶
마이크 사용 허용 ▶ 말하기

학생들이 영어로 말을 하거나 글로 대화를 할 때 가장 어려워하는 점은 '상대방이 내 말을 못 알아들으면 어떻게 하지?'와 같은 두려움과 부담감이다. 이런 점을 보완하고 편하게 대화를 나눌 수 있는 것이 인공지능의 장점이다. 챗봇이 인공지능이기에 무례하거나 부적절한 대화가 전개되는 경우가 가끔 있지만 전반적으로는 무난하게 대화가 가능하다.

💡 말하기 수업을 위한 클레버봇 활용 방법

① 주제가 없는 무의미한 대화를 하지 않도록 수업에서 강조한 의사소통 기능과 핵심 문장을 넣어서 적어도 5번 내용을 주고받도록 구체적으로 명시한다.

② 학습자에게 클레버봇이 인간인 척 개인정보를 요구하더라도 제공하지 않도록 개인정보 보호에 유의하도록 주의를 주어야 한다.

다음은 수업 시간에 클레버봇과 의사소통을 하는 기능 중 'How about~?'을 이용하여 '제안하기'다. 대화 중간에 'very good book'과 같이 문법적으로 오류가 있으나 대화의 흐름에는 전혀 지장이 없다. 클레버봇이 실제 대화 사례는 다음과 같다.

> Cleverbot conversation WYBNRMN5JF
>
> Is this bot Clever?
>
> Fine out at http://www.cleverbot.com
>
> Email this conversation to a friend
>
> This page is now permanently available at

User: Hello.

cleverbot: Okey.

User: How about going to the bookstore?

cleverbot: I will think it.

User: There is very good book.

cleverbot: What kind of books do you like?

이렇게 학습한 것을 점검할 때는 '라이브워크시트'를 활용해 보자. 라이브워크시트는 기존 학습지를 자동으로 채점하고 결과를 한눈에 볼 수 있도록 변환해주는 플랫폼이다. 이를 활용하면 학습자가 자신이 말한 내용을 학습지에 자동으로 녹음할 수 있다. 라이브워크시트를 활용하면 학습자가 해당 차시의 의사소통 기능을 제대로 이해하고 사용했는지 점검이 가능하다. 또한 학습 목표 달성 여부 등을 볼 수 있어 피드백을 주기에 용이하다.

🔍 의사소통 점검을 위한 '라이브워크시트'

라이브워크시트 접속(https://www.liveworksheets.com/) ▶ 교사 로그인 ▶ My students ▶ Add group ▶ Add students ▶ Full name(학생 이름 입력) ▶ Username(학생 ID 입력) ▶ Password(비밀번호 입력) ▶ Add students(입력 완료 후 저장)

학생이 스스로 회원가입을 하는 것보다 교사가 학생의 이름에 학번 등을 담아 일괄로 작성하면 관리가 편리하다.

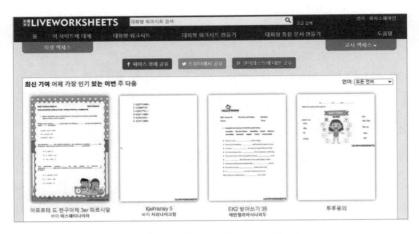

라이브워크시트에 공유되어 있는 워크시트

학습지 할당 : Assign workbooks 선택 ▶ Assign workbooks to students ▶ save changes

Speech recognizer: I often

Please choose the language for the speech recognizer:

한국어

☐ Set as default for this worksheet

Save

Warning: speech recognition only works in Google Chrome (PC and Android).

Cancel

라이브워크시트 목소리 인식

학습자 말하기 방법 : 라이브워크시트 창에 'speak:__'을 입력 ▶ 마이크 사용 허용 ▶ 목소리 인식(한국어, 영어, 중국어 등 언어 선택) ▶ 학습지에서 빨간색 마이크 모양 누르고 영어로 말하기 ▶ 답안 작성(워크시트에 따라 답이 클릭되거나 텍스트로 입력됨) ▶ Finish

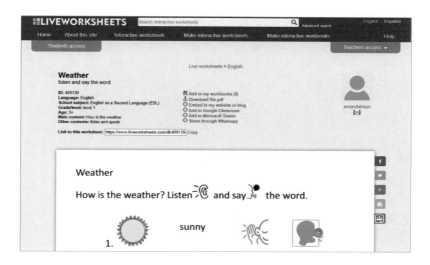

라이브워크시트에 공유된 목소리 인식 워크시트

결과 확인 : Group results ▶ 확인할 그룹과 워크북 선택

'여가 활동 묻고 말하기'를 주제로 활동한 라이브워크시트와 채점표
(왼쪽은 학생용 워크시트, 오른쪽은 교사용 결과표)

최근 학습력과 관련하여 학습자의 자기주도 학습에 대해 이야기한다. 학습자가
이렇게 다양한 도구를 활용하여 실제 자신의 학습을 수시로 점검할 수 있다면 더
유익할 것이다.

온라인 수업 구성_클레버봇과 라이브워크시트를 활용한 영어 말하기 수업

【학습 목표】클레버봇과 대화하고 의사소통 기능을 스스로 점검한다.

(영어 의사소통 역량) 음성, 문자 등을 활용하여 영어로 이루어진 의사소통 기능을 이해한다.

(자기관리 역량) 자기주도적으로 의사소통 기능을 사용하고 점검하며 학습에 대한 자율성과 책임감을 기른다.

【준비물】

온라인 수업 도구 : 클레버봇, 라이브워크시트

학습자 준비물 : 학습지, 필기도구

단계	수업 내용	교사 안내서
도입	· 줌으로 학생 출결 확인 · 의사소통 기능 학습	· 주요 의사소통 기능을 학습한다. 이는 영상으로 제작해 공유하는 방법도 있다.
내용	· 클레버봇과 대화 후 내용 공유 · 학생들이 주요 의사소통 기능을 사용하도록 유도 · 라이브워크시트를 이용해 녹음	· 클레버봇을 이용하는 가장 중요한 목적을 학생들에게 강조한다. "문법에 신경쓰지 말고 영어로 자신 있게 말하자"(클레버봇의 구체적인 사용 방법은 121쪽 '온라인 수업 TIP' 참고) · 라이브워크시트 녹음을 반복하며 자신의 발화를 들어보면 좋다.
정리	· 라이브워크시트 피드백 및 다음 차시 예고	· 피드백은 전체, 개별 모두 가능하기 때문에 교사가 판단해서 진행한다.

수업을 위한 학습지

. . . .

- 말하기 수업 -

. . . .

다음 의사소통 기능을 활용하여 클레버봇과 나눈 대화를 적어보세요.(캡처 가능)

<주요 의사소통 기능: How about~?> 인사하기

_____

_____

_____

_____

_____

_____

<주요 의사소통 기능: How about~?> 제안하기

_____

_____

_____

_____

_____

_____

18 **(언어영역)**
표현 중심 쓰기 수업

표현 중심 쓰기를 온라인에서 가르치려면

쓰기 수업에서는 결과물보다 과정이 중요하다. 온라인 수업에서 쓰기를 지도하는 것이 어렵다고 생각할 수도 있다. 하지만 주제에 대한 자료를 수집하고, 정보를 바탕으로 글을 쓰는 활동은 오히려 온라인 수업이 더 유용하다. 대면수업에서는 수업 시간에 글 쓰는 방법을 가르치고 과제로 글을 작성해서 제시하도록 했다. 반면 온라인 수업에서는 주제와 관련하여 검색하는 방법, 정보를 가려내는 요령, 나의 주장이나 생각을 담아 글을 쓰는 것과 그 과정에서 발생할 수 있는 학습자의 질문에 답해줄 수 있다는 것이 장점이다.

가령 '우리 지역 소개'라는 주제를 받았다면, 학습자가 직접 우리 지역에 대해 온라인에서 정보를 조사하여 읽고, 그 가운데 글로 작성할 만한 것을 정리하면 된다. 온라인 수업은 이와 같이 학습자가 흩어진 지식을 스스로 연결하고 조합하는 과정을 지도하기에 유용하며, 이를 통해 학습력을 향상시키기도 한다. 그러므로 온라인 수업은 학습자가 스스로 핵심 개념을 익힐 수 있도록 다양한 방법을 알려주는 방식으로 진행될 필요가 있다. 그렇다면 영어와 같은 외국어는 어떻게 지도하면 좋을까?

'파파고'를 활용한 외국어 학습

쓰기는 과정을 중요하게 다루는 과목이므로 '과정 중심 평가'와도 연계할 수 있다. 가령 영어로 작성하고자 할 때 단어를 하나씩 검색하여 직접 작성하도록 한다. 그런데 단어를 추가로 찾는 정도로 할 수 있는 실력이 아니라면 '파파고'의 도움을 받아보자. 파파고는 영어, 중국어, 일본어를 비롯하여 다양한 언어를 번역해주는 프로그램이다.

파파고 기본 창

단, 파파고에서 번역한 내용을 피드백 없이 그대로 쓰는 것은 다음의 2가지 이유로 바람직하지 않다. 첫째, 부정확하거나 적절하지 않은 표현이 사용될 수 있고, 둘째, 학생들이 매우 중요한 쓰기의 '과정'을 무시하고 '결과물'만 쉽게 얻을 수 있다. 따라서 파파고를 활용해 초안을 썼다면 줌 소회의실을 통해 학습자끼리 피드백을 하고, 교수자가 소회의실에 입장하거나 학습자가 채팅 창에 글을 입력하는 방식으로 개별 피드백을 한다.

아래와 같이 '우리 지역 소개하기'를 주제로 글쓰기를 실시하면서, 우선 한글로 '서울이 한국의 수도'임을 제시하고자 했다.

파파고를 이용한 글쓰기와 번역 예시

이렇게 작성된 초안에 대해 온라인 수업에서 피드백을 한다. 파파고는 '지역'이라는 표현을 '땅'으로 해석하여 'area'라는 단어를 제시했다. 이는 학습자가 이야기하려는 의미가 아니다. 파파고는 한글 구조와 영어 구조가 다름을 인식하지 못한다. 한글이 복잡하면 번역도 매끄럽지 못하다. 그러므로 파파고의 번역에 대해 자연스러우면서도 학습자가 사용할 수 있는 어휘로 피드백해야 한다. 이러한 방법으로 자신이 쓴 글을 수정하고, 그 글을 스스로 점검할 수 있도록 지도하자.

파파고 초안에 대한 피드백 예시

점검은 그래머리 활용

그래머리(Grammarly)는 AI를 이용하여 영어의 철자와 문법 등 실수 없는 쓰기를
돕는 프로그램이다.

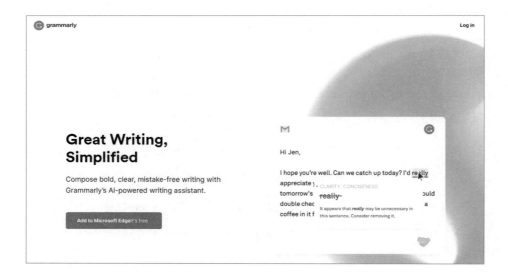

🔍 쓰기 점검이 가능한 '그래머리'

그래머리 접속(https://www.grammarly.com) ▶ 페이스북이나 구글로 로그인
가능 ▶ 'New' 클릭 ▶ 네모 상자에 검사하고 싶은 문장 작성 ▶ 빨간 밑줄 단어
클릭 ▶ 초록색 단어 클릭하여 교정

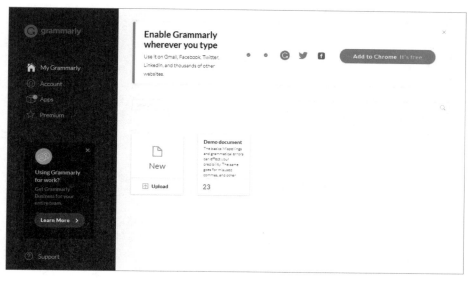

그래머리 실제 활용 예시

온라인 수업 구성_파파고와 그래머리를 활용한 영어 쓰기 수업

【학습 목표】 파파고를 활용해 직접 글을 써보고 스스로 점검한다.

(영어 의사소통 역량) 음성 언어, 문자 언어 등을 활용하여 영어로 이루어진 의사소통 기능을 이해한다.

(자기관리 역량) 자기주도적으로 목표 언어를 사용하고 점검하며 학습에 대한 자율성과 책임감을 기른다.

【준비물】 (2교시 연강)

온라인 수업 도구 : 파파고, 그래머리

학습자 준비물 : 학습지, 필기도구

단계	수업 내용	교사 안내서
도입	· 줌으로 학생 출결 확인 · 주제에 대한 내용, 핵심 문법 학습	· 주제에 대한 내용, 핵심 문법은 영상으로 제작해 학습 가능하다.
내용	· 주제에 대한 아이디어 정리 · 개별 인터넷 자료 탐색 · 파파고를 활용해 초안 작성 · 동료 피드백과 교사 개별 피드백 실시 · 개별 수정 후 '그래머리'에서 스스로 쓰기 결과물 점검	· 무조건적으로 파파고를 쓰는 것이 아니라 주제에 대한 자신의 생각을 정리하고 자료를 탐색하는 시간을 준다. · 줌 소회의실을 활용해 동료들끼리 피드백을 주고받고, 교사가 중간중간 개별로 피드백한다. · 그래머리를 통해 점검받은 것을 기록하고 캡처하도록 한다(그래머리의 구체적인 사용 방법은 133쪽. '온라인 수업 TIP' 참고).
정리	· 전체 피드백 및 다음 차시 예고	· 피드백은 전체, 개별 모두 가능하기 때문에 교사가 판단해서 진행한다.

수업을 위한 학습지

- 쓰기 수업 -

다음 주제에 대한 아이디어를 정리하고, 인터넷으로 자료를 탐색해 모아보세요.

<주제: 우리 지역 소개하기>

그래머리에서 첨삭해준 내용을 적어보세요.(캡처 가능)

19

(언어영역)
퀴즈로 문법 수업을 흥미롭게 만들기

지루한 문법 수업에 대한 고민

평소 수업에서도 문법 지도에 대한 고민이 가장 많았다. '문장의 법칙'이라는 이름처럼 어렵고 따분하게 느껴지는 파트다. 영어뿐만 아니라 국어와 중국어 등 언어를 구성하는 데 매우 중요한 요소이지만, 수업에서 다루는 문법은 교수자의 입장에서 전달해야 하는 내용이 많다 보니 일방적인 강의식 수업으로 진행되는 사례가 많아서 지루하고 지치기 쉬운 과목이다.

온라인 수업을 시작하면서 학습자의 흥미를 끌기 위해 화려한 PPT와 연예인의 이름을 예시에 담아 실시간 수업을 진행한 적이 있다. 학습자들의 주목을 잠시 끌기는 했으나 실제로 큰 효과를 거두지는 못했다. 무엇보다 한 차시를 위해 쏟아야 하는 시간이 너무나 많아 시간 낭비라는 느낌이 들었다. 다른 방법으로 실시간 설명 대신 핵심 문법을 영상으로 제작하여 과제를 제시했다. 하지만 학생들이 얼마나 문법을 이해했는지 확인하기 어렵다는 점에서 문제는 여전히 남아 있었다.

퀴즈를 통해 딱딱한 수업에 재미 더하기

퀴즈는 학습 동기를 유발하거나 수업을 마무리하는 도구로 다양하게 활용 가능하다. 또한 실시간 수업에서도 간단한 퀴즈부터 방 탈출에 이르기까지 여러 가지 형태로 활용 가능한 효자 프로그램이다. 퀴즈를 만들고 학습자의 응답을 받을 수 있는 프로그램은 다양하다.

① 구글 설문지

구글 설문지는 정리 및 분석을 통해 설문지에 대한 응답 정보를 자동으로 정리하여 보여주는 프로그램이다.

📍 퀴즈가 가능한 '구글 설문지' 만들기

① 구글 설문지로 퀴즈 만들기

구글 설문지 접속(https://www.google.com/forms/about/) ▶ 로그인 ▶ 새 양식 시작하기 ▶ 클릭(또는 템플릿 갤러리 중 선택) ▶ '제목 없는 설문지' 클릭 ⇨ 제목 입력&설문지 설명 ▶ '제목 없는 질문' 클릭 ⇨ 질문 내용 작성 ▶ 오른쪽 '객관식 질문' 클릭하여 질문 형식(객관식/단답형/장문형/체크박스/드롭다운/직선 단계/객관식 그리드/체크박스 그리드) 수정 ▶ 다음 질문이 있으면 오른쪽 또는 하단의 + 클릭 ▶ 반복 ▶ '보내기' 클릭 ▶ 설문지 보내기에서 링크 복사 ▶ 학습자에게 공유

② 퀴즈 응답 확인

설문지 상단의 '응답' 클릭 ▶ 상단 오른쪽 클릭하여 스프레드시트로 확인

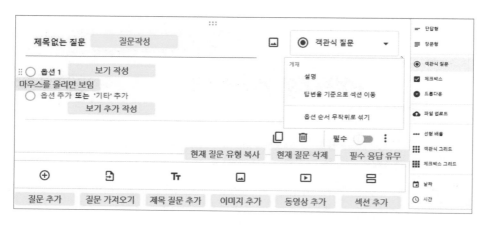

구글 설문지 메뉴

🔍 응답에 따라 다른 번호로 이동하도록 퀴즈 만들기

① 구글 설문지로 퀴즈 만들기

② 응답 번호에 따라 이동하는 섹션을 활용하면 퀴즈의 답이 틀린 학습자에게 같은 문제를 다시 풀도록 하거나 비슷한 유형의 문제를 더 풀게 할 수 있다.

③ 클릭 ▶ 답변을 따라 이동 ▶ '다음 섹션으로 진행하기' 클릭 ▶ 섹션 선택(정답인 경우 설문지 제출로 이동, 오답인 경우 다음 섹션으로 진행하도록 할 수 있다.)

응답에 따른 섹션 이동 사례

💡 구글설문지, 오프라인 수업에 이용하기

① 수업 전, 학습자의 관심이나 흥미 정도를 미리 파악하는 용도로 설문하기

② 수업 중간, 학습자의 생각 등을 서술형으로 받는 설문하기

③ 수업이 끝나기 전, 태블릿을 이용하여 학습한 내용을 평가하는 용도로 설문하기

🔍 퀴즈가 가능한 '네이버 폼' 만들기

① 네이버 폼으로 퀴즈 만들기

네이버 로그인 ▶ 네이버 오피스(https://office.naver.com/) ▶ '폼' 선택 ▶ 설문

조사 형식 선택 ▶ 원하는 템플릿 위에 마우스 올리고 '사용하기' 클릭 ▶ '이 템플

릿 사용' 클릭 ▶ '닫기' 클릭 ▶ 샘플 문항 위에 마우스 올리고 연필 모양 클릭 ▶

원하는 퀴즈로 수정 후 확인 ▶ 입력 완성 후 '저장' 클릭 ▶ 파일 저장

② 네이버 폼 공유 방법

오피스 가운데 '폼 보내기' 클릭 ▶ '공유하기' 클릭 ▶ URL 복사 ▶ 학습자에게

공유

③ 네이버 폼 설문조사 결과 확인하기

네이버 오피스 ▶ 내 문서 ▶ 저장한 폴더나 최근 문서에서 파일 이름 확인 후 클

릭 ▶ 응답 확인

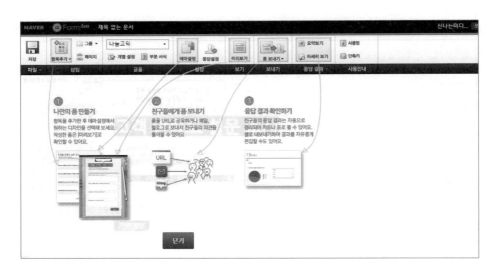

📍 한국형 게임 수업 도구 '퀴즈앤'

① 퀴즈앤(https://www.quizn.show/) 접속 ▶ 회원가입 ▶ 로그인 ▶ 교사/학생/기업/기타 중 선택 ▶ 퀴즈앤 메인 ▶ 주황색 'Show 만들기' 클릭 ▶ 이미지, 제목, 카테고리, 태그, 공개&비공개 선택 후 '등록' 클릭 ▶ 우측 Type 중 선택 ▶ 화면 우측 하단 Question란에 내용 입력 후 저장 ▶ 왼쪽 메뉴의 'My show' 클릭 ▶ 'Play' 클릭 ▶ '실시간 현장 Play' 또는 '실시간 원격 Play' 클릭 ▶ 학습자에 PIN 번호 공유 ▶ 학습자가 PIN 번호 입력 후 대기 ▶ 총 참여자 수 확인 후 '시작' 클릭

② 학습자 모바일로 퀴즈앤 접속 ▶ 상단의 'Game PIN' 클릭 ▶ PIN 번호 입력 후 확인 ▶ 닉네임 입력 ▶ 교수자가 '시작' 클릭하면 시작됨

💡 퀴즈앤의 특징

① 크롬에서 안정적으로 작동되며 한글로 운영됨.

② 10인 이상 참여 시 유료 전환.

③ 이미지는 내 컴에 있는 것만 업로드 가능.

④ 수정은 문제 옆의 세로 점 3개 클릭하여 공유, 복사, 편집, 삭제 가능.

⑤ 학습자는 닉네임이 아닌 실명이나 학번으로 접속하는 것이 좋음.

⑥ 정답을 빨리 클릭한 학습자가 점수를 받는 시스템. 온라인 학습의 경우 온라인 연결 상태에 따라 응답 속도에 차이가 발생할 수 있으므로 점수로 평가하는 것에는 신중함이 필요.

🔍 게임 기반의 학습 플랫폼 '카훗'

① 카훗(https://create.kahoot.it/) 접속 ▶ 회원가입 ▶ 로그인 ▶ 교사/학생/개인/전문가 선택 ▶ 카훗 메인 ▶ 상단 우측 'Create' 클릭 ▶ 새로운 카훗 'Create' 클릭 ▶ 카훗 제목 입력란 '설정' 클릭 ▶ 내용 삽입 후 수행 클릭 ▶ 문제/이미지/보기/정답 체크 ▶ '종료 또는 Share' 클릭하여 공유

🔎 카훗의 특징

① 영어로 운영됨(한글 입력 가능).

② 크롬에서 안정적으로 작동(타 플랫폼에서는 한글 입력 오류가 발생할 수 있음).

③ 온라인 수업에서 퀴즈를 안정적으로 플레이하기 위해서는 컴퓨터와 스마트폰 모두 필요하므로 미디어 기기 수급의 문제가 있을 수 있음.

④ 카훗은 학습자의 점수, 문제별 정답률 등을 표로 제공.

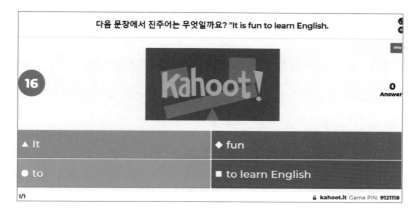

카훗 교사용 창

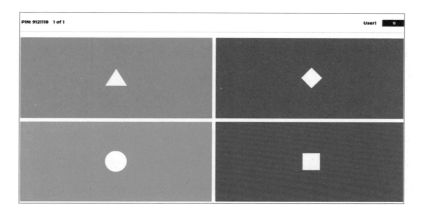

카훗 학생용 창

줌을 이용한 카훗 접속 모습   문제별 실시간 순위

여기에서는 카훗을 활용하여 수업한 사례를 공유한다. 퀴즈 수업을 진행할 때
는 학습자 스스로 문제를 읽고 답을 클릭하도록 할 수도 있지만 교수자가 읽어주
는 문제를 듣고 정답 버튼을 누를 수도 있다.

학습자 가운데는 한 대의 스마트폰으로 줌에 입장하고, 카훗도 동시 접속하는
경우가 있다. 이런 경우 교수자가 학습자에게 두 미디어에서의 접속 방법과 수업
을 들으며 문제를 푸는 방법에 대해 천천히 설명해 주어야 한다. 앞에서 교수자가
문제를 읽어주며 풀도록 하는 것도 한 개의 미디어로 접속한 학습자를 위함이라
고 볼 수 있다.

실제 온라인 문법 수업에서 카훗 퀴즈를 활용했을 때 학습자의 만족도가 높았
다. 물론 문법과 성취 기준 등을 고려하여 매력적인 오답을 구성하는 것도 필요
하다.

카훗이 문법 수업에 매력적인 이유는 다음 2가지다. 첫째, 화면에 제시된 선택
지 중 정답을 누르는 속도에 따라 점수가 계산되는 게임 요소가 있다. 둘째, 문제
가 끝날 때마다 실시간 순위가 공개되어 경쟁을 극대화한다. 물론 온라인의 접속
속도와 학습자의 반응 속도에 따라 결정되는 것이기에 합리적이지 않은 경쟁으로

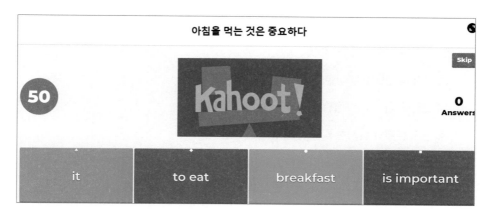

카훗 퍼즐 유형을 활용한 문법 문제 구성

보일 수도 있다. 이럴 경우 순위를 읽어주는 방식에도 요령을 발휘해 보자. 가령 순위가 많이 상승한 학생을 칭찬하기도 하고, 순위에 들지 못한 다른 학생들을 격려하는 피드백을 하는 것이다. 그리고 후반기에는 구체적인 점수를 읽지 않는 것이 좋다. 누구나 모두 순위권에 들 수 있다는 희망을 주어야 학생들이 퀴즈에 집중하고 학습이 일어날 수 있기 때문이다.

카훗의 유료 유형 중 '퍼즐(puzzle)'을 활용하면 문법 내용을 더 자세히 다룰 수 있다. 퍼즐 유형의 장점은 4가지 퍼즐 속 문장을 드래그하여 순서를 맞추는 형식으로 진행된다는 것이다. 학습자는 문장의 순서를 섞으며 문법과 문장을 이해하게 된다.

이렇게 퀴즈를 활용하면 방탈출 게임과 유사한 형태의 수업 진행도 가능하다.

💡 '방탈출' 수업

① 퀴즈를 연속하여 출제한다.

② 문제의 정답을 맞히면 '탈출 성공'하도록 퀴즈 구성

③ 오답을 입력하면 '탈출 실패'라는 섹션으로 이동

④ 틀린 문제와 유사한 다른 문제 풀도록 구성

⑤ 방탈출은 오늘 수업 정리, 한 단원 정리, 중간 평가 등에 활용 가능

온라인 수업 구성_카훗을 이용한 영어 문법 수업

【학습 목표】목표 문법의 개념을 정리하고 문장 속 쓰임을 이해한다.

(지식정보 처리 역량) 영어로 표현된 문법 정보를 비교, 분류, 종합하여 분석한다.

(자기관리 역량) 문법에 대한 흥미와 관심을 증진하고 자신감을 갖는다.

【준비물】

온라인 수업 도구 : 카훗

단계	수업 내용	교사 안내서
도입	· 줌으로 학생 출결 확인 · 문법 학습 목표 제시	· 학습 목표와 수업의 흐름을 사전에 제시한다.
내용	· 목표 문법에 대한 내용 강의 · 줌에서 카훗 'play' · 학생들은 개인 기기로 카훗에 접속 · 전체 접속 확인하면 화면 공유 중지 후 퀴즈 시작 · 각 퀴즈별 학생들의 응답에 대해 피드백 제시	· 줌을 이용해 실시간으로 목표 문법을 가르치거나 영상 제작 후 콘텐츠를 제시한다. · 줌 화면 공유를 이용해 학생들이 접속할 수 있게 한다.(창을 많이 띄워놓고 줌 화면 공유를 하면 끊김 현상이 발생할 수 있으니 창은 최소화하기) · 공정한 퀴즈 진행을 위해 줌 화면 공유를 하지 않고 교사가 문제를 읽어준다.(화면 공유 시 듀얼 기기를 사용하는 학생들이 문제를 미리 보기 때문에 더 유리)
정리	· 목표 문법 핵심 내용 정리 및 다음 차시 예고	· 퀴즈를 통해 순위를 가리는 것이 목적이 아니라 학습 확인, 정리와 피드백이 더 중요하다.

(언어영역)
자기주도적으로 만드는
어휘 학습 방법

20

자기주도적 어휘 학습을 이끄는 방법

가끔 학습자의 부족한 어휘력으로 인해 지도가 어려울 때가 있다. 그래서 어휘
만큼은 가능하면 단순 암기를 떠나 자기주도적으로 학습하기를 바란다. 하지만
오프라인에서도 쉽지 않은데, 온라인 수업에서는 더더욱 쉽지 않다.

일반적으로 어휘 수업은 새로운 어휘를 문맥을 통해 암기하도록 지도한다. 그
리고 그 어휘를 익혔는지 쪽지 시험으로 점검한다. 하지만 이러한 방식은 새로운
어휘를 익히는 데 거부감으로 작용할 뿐 아니라 학습 효과도 적다.

클래스카드 활용하여 어휘 학습하기

클래스카드는 플랫폼 메인 화면에서도 알 수 있듯이 영어 수업에 효과적인 학습
도구다.

🔍 '클래스카드' 이용 방법

① 기존 세트 활용하기

무료 회원가입 ▶ 클래스 만들기 ▶ 학생에게 학습시킬 세트 선택하여 클래스에 추가 후 '다음' 클릭 ▶ 단어장 학습 후 출제되는 테스트 설정하고 '다음' 클릭 ▶ 교수자는 선생님이면서 동시에 학생으로 등록됨 ▶ 반 학생 '초대하기' 후 '클래스로 이동' 클릭 ▶ 학습자에 초대 코드 공유

② 나의 세트 만들기

나의 폴더에서 만든 세트 클릭 ▶ 세트 만들기 클릭 ▶ 세트 목록에서 선택(저작권 참고하기) ▶ 단어 입력 후 의미 칸 클릭하면 뜻 자동 입력 ▶ 상단 단어 옆 빈 칸에 제목 입력 ▶ 상단 우측의 '세트 저장하기' 클릭 ▶ 제작 완료 ▶ 추가

③ 학습자 등록하기

- 학습자에게 초대 코드 공유 ▶ 학생 스스로 등록
- 교수자가 학습자의 계정을 만들어 클래스에 등록 ▶ 학습자가 공통 비번으로 로그인 후 비밀번호 변경
  (엑셀로 학생 이름, 아이디, 공통 비번을 만들어 한꺼번에 등록 가능)

💡 클래스카드의 특징

① 한 학교에서 3명 이상의 교수자가 등록을 하면, 학교 선생님으로 인증되어 1년 동안 다양한 기능을 무료로 이용할 수 있음. 학기 초에 같은 교과 교수자와 함께 가입하고 사용하면 좋음.

② 이미 제작되어 있는 어휘 세트를 이용할 수 있음. 초중고등 영어 교과서, EBS 수능특강, 토익 등의 공인 영어시험에 필요한 어휘와 한자 검정시험 어휘가 있음. 학년과 단원에 맞는 어휘를 검색하여 사용할 수 있음.

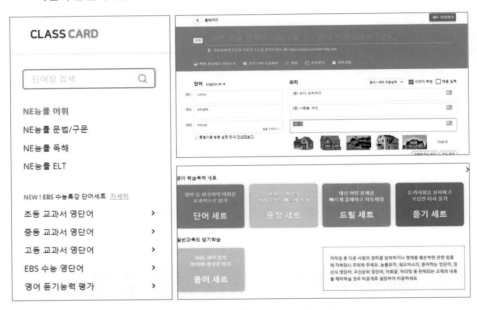

클래스카드 용어 세트 만들기 사례

③ 슬라이드로 개별적 어휘, 뜻, 문맥 혹은 이미지 제시 가능. 어휘를 '자동재생'할 수 있으며, 오른쪽 하단 '발음' 통해 원어민 발음 들을 수 있음.

④ 암기를 돕는 학습, 암기를 확인하는 리콜 학습, 철자까지 익히는 스펠 학습 가능.

| 암기 학습 | 리콜 학습 | 스펠 학습 |

⑤ 학생 개별적으로 점수를 부여하거나 서바이벌로 우승자를 가리는 퀴즈 타임 진행 가능. 또는 가상의 게임 공간에서 학습자가 퀴즈를 푸는 방식의 퀴즈 배틀도 가능. 교사는 학습자의 점수를 실시간으로 확인 가능.

⑥ 학급을 등록하면 학습자의 개별 학습 여부와 테스트 결과를 한눈에 확인할 수 있음.

⑦ 기본은 영어 카드 중심이지만 사회와 과학 등의 전문 용어나 개념이 많은 과목에도 적용 가능. 또한 문제 세트도 제작 가능.

클래스카드 학생 진도율 및 결과 확인

클래스카드는 줌과 같은 실시간 쌍방향 수업에서도 공유가 편리하다. 교수자는 슬라이드를 통해 어휘를 설명하고, 학습자는 공유된 화면을 통해 학습지를 완성하며 어휘를 익힌다.

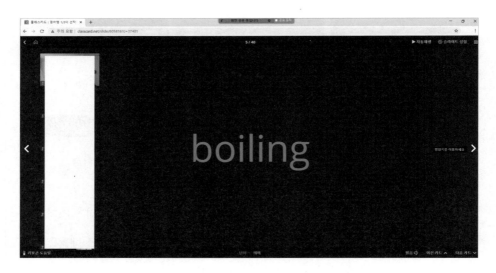

줌을 이용한 클래스카드 슬라이드 화면 공유

어휘 학습을 마친 후 줌을 이용하여 퀴즈 타임부터 실시한다. 화면 위쪽에 학습자의 이름이 뜨면 질문한다. 이때 학습자의 수준에 따라 어휘를 선택하여 출제한다.

줌을 이용한 클래스카드 퀴즈 타임 1, 2

어휘 수업에서 격려가 필요한 친구, 학습력이 뛰어난 친구 등에 대한 긍정적인 칭찬으로 수업의 참여를 유도하자. 퀴즈 타임이 자칫 낙인을 찍는 형태가 되지 않도록 한다.

퀴즈 배틀은 반 전체가 참여할 수 있도록 한다. 미디어 기기를 다루는 데 서툴거나 상황 때문에 배틀방에 늦게 입장하는 학습자도 있다. 그리고 실시간으로 공개되는 남은 시간과 순위 등을 공유한다. 스마트폰으로 수업을 들으며 배틀에 참여하는 학습자는 줌 화면을 볼 수 없다. 그러므로 교수자는 중간에 상황을 체크하여 학습자들이 들을 수 있도록 해주는 것이 좋다.

'홍길동 순위가 한 단계 올랐네요. 김철수는 조금만 더 분발하면 될 것 같네요. 자, 현재 시간은 1분 남았습니다.'

줌을 이용한 클래스카드 퀴즈 배틀 1, 2

온라인 수업 구성_클래스카드를 활용한 영어 어휘 수업

> **【학습 목표】 클래스카드를 통해 새로운 어휘를 문맥과 함께 학습하고 자기주도적으로 복습한다.**
>
> (영어 의사소통 역량) 음성 언어, 문자 언어 등을 활용하여 새로운 어휘의 쓰임과 정보를 이해한다.
>
> (자기관리 역량) 자기주도적으로 어휘를 학습하고 점검하며 학습에 대한 자율성과 책임감을 기른다.
>
> **【준비물】**
> 온라인 수업 도구 : 클래스카드

1차시

단계	수업 내용	교사 안내서
도입	· 줌으로 학생 출결 확인 · 어휘 학습 목표 제시	· 학습 목표와 수업의 흐름을 사전에 제시한다.
내용	· 클래스카드 슬라이드 화면 공유 후 새로운 어휘 제시 및 설명 · 클래스카드 학생 계정을 알려주고 로그인을 하게 함 · 클래스카드 사용법, 과제 설명	· 슬라이드 기능을 활용해 문맥이나 이미지를 함께 제시하며 어휘를 설명한다. · 학생들이 어휘를 적을 수 있는 간단한 학습지를 제공한다. · 학생 계정을 사전에 세팅한다. (세팅 방법은 149쪽 온라인 수업 Tip 참고)
정리	· 과제 제시(암기 학습, 리콜 학습, 스펠 학습, 테스트 참여)	· 퀴즈를 통해 순위를 가리는 것이 목적이 아니라 학습 확인, 정리와 피드백이 더 중요하다.

2차시

단계	수업 내용	교사 안내서
도입	· 줌으로 학생 출결 확인 · 어휘 학습 목표 제시	· 학습 목표와 수업의 흐름을 사전에 제시한다.
내용	· 줌 화면 공유를 이용해 클래스카드 현황판을 공유한 후 과제 점검 · '퀴즈 타임'을 이용해 학생의 학습 정도 확인 · '퀴즈 배틀'을 이용해 어휘 게임 진행	· 현황판 공유는 교사가 전체의 진행률을 볼 수 있다는 것을 알려줌으로써 학생들의 학습 중요도를 인지시킨다. · 퀴즈 타임 시 이름을 개별적으로 부르며 어휘를 읽고 해석할 수 있도록 한다. · 퀴즈 타임 시 학생 수준에 따라 한글을 제시하고 영어를 말하게 할 수 있다.
정리	· 전체 피드백 및 다음 차시 예고	· 클래스카드를 수업 외에 자율적으로 사용하며 학습하도록 권장한다.

21

(언어영역)
게임으로 비판적 읽기 수업하기

상호작용 중심 보드게임

온라인 수업이 진행되면서 모둠끼리 마주 앉아 상호작용을 바탕으로 진행되던 수업이 갈 길을 잃었다. 그중 하나가 보드게임이다.

흔히 게임이라고 하면 아이들의 정서에 좋지 않은 영향을 미치는 것으로 생각하는 경향이 있다. 보드게임 역시 단순한 놀이로 인식되던 때가 있었다. 그러나 보드게임이 교실로 들어가 쉬는 시간의 놀이로 활용되기 시작하면서 인식도 바뀌었다. 게임이 진행되는 동안 참여자는 문제를 발견하고, 해결 방안을 고민하는 사고의 과정을 경험한다. 또한 보드게임이 학습자의 사회성과 집중력을 발달시키는 데 좋은 도구임을 인식하면서 긍정적인 '학습 교구'의 하나가 되었다.

하지만 온라인 수업으로 전환되고 사회적 거리두기를 하게 되면서 상호작용을 바탕으로 진행되는 보드게임은 학습의 도구로 사용하기 어려워졌다. 물론 온라인에서도 사용 가능한 게임들이 등장하기 시작했지만, 기본적으로 플레이어들이 마주 보며 대화를 바탕으로 풀어가는 오프라인 게임이라는 점에서 사용에 어려움이 있다. 그러다 보니 게임 카드를 비롯하여 온라인에서 도구를 활용하기 어렵다. 교구를 마음대로 쓸 수 없다는 한계가 있는 것이다. 누군가는 '카드를 스캔해서 사용하면 되는 거 아닌가?' 생각할 수도 있으나, 이는 저작권 문제가 따를 수 있다. 또한 이렇게 가져온 게임 교구 한 세트로 한 반 전체가 게임을 하기에도 무리가 있다.

온라인에서 게임으로 수업하기

온라인 수업이 보편화되면서 많은 이들이 보드게임을 온라인에서도 즐길 수 있는 방법에 대해 고민한다. 어떤 이는 보드게임 설명서를 제작하여 유튜브에 올리고, 누군가는 보드게임을 온라인에서 할 수 있는 플랫폼을 찾아 공유하고 있으며, 또 다른 이는 교수자와 학습자가 사용하면 좋은 보드게임 제작 플랫폼을 공유하기도 한다.

보드게임 아레나 메인 페이지

여기에서는 수업에서 사용 가능한 방법에 대해 이야기하고자 한다.

첫째는 보드게임을 온라인으로 즐길 수 있는 세계 최고의 플랫폼 '보드게임아레나'(https://boardgamearena.com)이다.

아레나에는 오프라인 게임용 도구들이 온라인 안에 오픈되어 있다. 무료 게임도 있으며, 매우 저렴한 연회비나 월회비로 게임을 이용할 수도 있다. 또한 보드게임을 하는 방법을 영상으로 소개하고 있어서 교수자가 보드게임을 익히고 활용할 수 있다.

둘째는 보드게임을 제작할 수 있는 플랫폼 '플리피티'(https://www.flippity.net/)다.
플리피티는 구글 스프레드시트를 기반으로 학습지를 만드는 플랫폼이다.

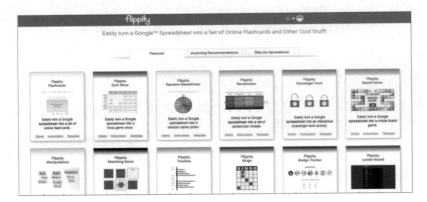

💡 플리피티의 메뉴와 기능

주메뉴	25가지 종류의 학습지를 한눈에 볼 수 있다.
e러닝 추천	e러닝에 특화된 학습지를 교수자용과 학습자용으로 나누어 보여준다.
스프레드시트 없음	데이터 입력만으로 스프레드시트 연결 없이 학습지를 만들 수 있다.

Demo	Instructions	Template
샘플 시연	학습지 만드는 방식 제공	스프레드시트 사본 만들기

　다양한 형태의 학습지가 샘플 형태로 게시되어 있으며, 이를 이용하여 새로운 학습지를 만드는 방법이 소개되어 있다. 이 가운데 보드게임을 만드는 학습지를 사용하면 된다.

　플리피티는 매우 단순한 방식으로 제공하고 있지만 활용도는 무궁무진하다. 이러한 플랫폼은 교수자가 직접 게임을 만들어서 제공해도 좋지만, 학습자가 직접 게임을 만드는 활동으로 자기주도적 학습을 진행해도 좋다.

　그러나 오프라인 보드게임과 같이 각자 주사위를 굴리는 것은 불가능하다. 그러므로 모둠에서 스프레드시트를 작성하고, 게임을 할 때 주사위를 굴리고 말을 이동해 줄 학습자를 미리 선발하는 것이 좋다. 그것이 어렵다면 한 반 학생 모두 한 게임판에서 진행하되, 교사가 학습자의 발표 내용을 바탕으로 기록하고, 주사

위를 굴려서 말을 이동하는 역할을 담당하면 된다.

이 외에도 잼보드로 보드게임 이미지를 제작하여 온 오프라인 수업에서 활용할 수도 있다. 잼보드의 경우 한 잼을 여러 개 복사할 수 있고, 이렇게 복사된 잼을 하나의 창에서 페이지를 넘기듯이 확인 가능하다는 장점이 있다. 그러므로 학습자 수 또는 모둠 수만큼 잼을 복사하여 사용하면 된다.

온라인 수업 구성_온라인 보드게임 수업

【학습 목표】뉴스를 읽고 사회에 대해 비판적 사고를 할 수 있다.
(지식정보 처리 역량) 뉴스를 이해하고 사회에 미치는 영향을 안다.
(의사소통 역량) 간추린 뉴스와 생각을 타인이 이해할 수 있도록 말한다.
(자기관리 역량) 뉴스를 비판적으로 보아야 한다는 것을 안다.

【준비물】
온라인 수업 도구 : 학습지, 플리피티
학습자 준비물 : 학습지, 필기도구

단계	수업 내용	교사 안내서
도입	· 뉴스를 주제로 도입 나눔 · 학습 목표 제시	· 뉴스가 사회에 미치는 영향력에 대해 생각하는 계기 마련 · 4모둠으로 나눔
내용	· 소회의실 이동 · 학습자 1인 2~3뉴스 분배 · 뉴스 읽기 · 뉴스 발표 · 게임 만들기 · 플레이	· 정해진 모둠으로 이동 · 한 반 또는 모둠이 다른 뉴스를 읽을 수 있도록 준비 · 뉴스 속 사건과 보도 방향이 사회에 미치는 영향 생각하기 · 모둠에서 발표하고 생각 나누기 · 뉴스에 대한 질문 만들기 · 질문에 대한 답 작성하기 · 보드게임 속 미션 만들기 · 플리피티 게임 완성 · 게임 플레이
정리	· 소회의실 이동 · 수업 후기 발표	· 정해진 모둠으로 이동 · 모둠별 오늘 뉴스 가운데 가장 기억에 남는 뉴스 1~2개 기록과 발표 · 게임으로 수업한 느낌을 기록하고 발표

학습지

- 뉴스가 사회에 미치는 영향 학습지 -

1번 뉴스 읽은 이	뉴스 제목 : 간추린 내용 : 질문 :
2번 뉴스 읽은 이	뉴스 제목 : 간추린 내용 : 질문 :
미션	뉴스 제목 : 간추린 내용 : 질문 :
3번 뉴스 읽은 이	뉴스 제목 : 간추린 내용 : 질문 :
4번 뉴스 읽은 이	뉴스 제목 : 간추린 내용 : 질문 :
5번 뉴스 읽은 이	뉴스 제목 : 간추린 내용 : 질문 :
미션	뉴스 제목 : 간추린 내용 : 질문 :
6번 뉴스 읽은 이	뉴스 제목 : 간추린 내용 : 질문 :
미션	뉴스 제목 : 간추린 내용 : 질문 :
7번 뉴스 읽은 이	뉴스 제목 : 간추린 내용 : 질문 :
8번 뉴스 읽은 이	뉴스 제목 : 간추린 내용 : 질문 :
미션	뉴스 제목 : 간추린 내용 : 질문 :

- 뉴스가 사회에 미치는 영향 학습지 -

9번 뉴스 읽은 이	
10번 뉴스 읽은 이	
미션	
11번 뉴스 읽은 이	
12번 뉴스 읽은 이	
미션	
13번 뉴스 읽은 이	
14번 뉴스 읽은 이	
미션	
15번 뉴스 읽은 이	
16번 뉴스 읽은 이	
미션	

22 (수리영역)
수리수리 수학을 재미있게

"수학은 싫어요"라고 말하는 아이들

수학은 온라인뿐 아니라 오프라인에서도 고개를 절레절레 흔드는 과목이다. 더구나 학습 격차도 커서 한 반의 학습자 모두를 만족시키는 수업을 하기가 어렵다. 어릴 때부터 연산을 많이 학습했거나 머리가 좋은 학습자는 쉽게 풀어낸다. 하지만 그렇지 못한 학습자는 자신이 무엇을 해야 하는지 인지하지 못하는 경우가 많다. 그래서 다른 과목도 마찬가지지만 수학은 더 신경 쓰게 된다.

교수자가 특히 염두에 두어야 할 것 중 하나가 판서 방법이다. 다른 과목도 그렇겠지만 수학은 문제를 풀고 해설하는 교수법이 대부분이라는 점에서 편리한 판서 방법을 찾는 것이 필수다. 둘째는 학습자가 수학을 포기하지 않도록 재미있게 구성하는 것이다.

태블릿으로 판서하기

앞에서 선보인 아이캔노트나 뒤에 과학에서 소개할 판서용 펜도 유용한 도구다. 하지만 수학은 대부분 숫자를 이용하여 셈을 한다는 측면에서 더 자연스럽고 더 많은 판서가 필요하다. 그래서 찾은 것이 태블릿과 펜이다.

교수자는 컴퓨터와 태블릿 두 대의 미디어 기기를 실시간 수업 도구로 동시에 접속한다. 그리고 컴퓨터를 통해 설명하면서 태블릿의 화면에 수업 자료를 띄우고 공유하여 설명과 동시에 전용 펜으로 판서를 해가면서 수업하면 된다. 이 경우 태블릿에 종이 질감의 필름을 붙이면 훨씬 정교하고 깔끔하게 글을 쓸 수 있다. 사실 펜이 있다 하더라도, 태블릿과 같은 유리 화면에 글을 깔끔하게 쓰는 것은 쉬운 일이 아니다. 더구나 수학과 같이 횡과 열을 맞춰서 써야 하는 경우는 더욱 어렵다. 하지만 이렇게 종이 질감의 필름을 붙이면 이야기가 달라진다.

태블릿을 구매하기 부담스럽다면 드로잉 전용판과 펜을 이용할 수도 있다. 다만 전용판의 경우 화면을 정교하게 사용하는 방법을 조금 연습해야 수업에서 원활한 사용이 가능하다. 또는 전용 펜이 내장된 노트북을 구매해도 좋다. 이 경우에도 노트에 연필로 글을 쓰는 것처럼 깔끔하게 처리하려면 노트 질감의 필름을 붙이면 좋다. 단, 노트 질감의 펜을 붙이면 펜촉이 빨리 닳는 단점이 있다.

수학뿐 아니라 다른 과목에서 판서할 때도 마찬가지다. 특히 파워포인트를 넘기면서 펜을 자유롭게 사용할 수 있기 때문에 수업이 훨씬 부드럽다.

💡 학습자 숙제 검사하는 방법

① 교과서에 문제를 푼다.

② 부모님이 채점을 해준다.

③ 사진을 찍는다.

④ 선생님에게 보낸다.

이때 학습자를 고려하여 개별로 받을 수도 있고, 교수자의 입장에서 단체가 한데

묶인 플랫폼에서 받을 수도 있다.

수학을 지도하다 보면 틀린 문제를 계속 틀리는 학습자가 발생하기도 한다. 문제를 이해하지 못한 이유도 있지만, 수학의 원리를 이해하지 못한 때문이기도 하다. 이렇게 한 번에 발견되는 경우는 그나마 다행이다. 대부분의 학습자는 자신이 무엇을 제대로 이해하지 못했는지조차 알지 못한 채 다음 문제로 넘어가기도 한다. 이때 수학의 학습력을 높이기 위해 할 수 있는 것이 구글 설문지를 이용하여 틀린 문제와 같은 유형의 문제를 반복하여 풀도록 지도한다.

온라인 수업 구성_온라인 수학 수업

【학습 목표】 두 자릿수의 곱셈을 할 수 있다.

(지식정보 처리 역량) 곱셈의 원리를 알고, 셈을 할 수 있다.

(의사소통 역량) 또래 학습자에게 원리를 설명할 수 있다.

(자기관리 역량) 구구단 익히기를 생활화할 수 있다.

【준비물】

온라인 수업 도구 : 학습지, 구글 설문지

학습자 준비물 : 학습지, 필기도구

단계	수업 내용	교사 안내서
도입	· 짝 찾기로 줌 출결 확인 · 학습 목표 제시	· 출결 방법의 다양화로 재미있게 시작한다. · 학습 목표와 수업의 흐름을 사전에 제시한다.
내용	· 두 자릿수 곱셈 이론 · 두 자릿수 곱셈 문제 풀기	· 곱셈 방법 익히기 · 구글 설문지에 접속하여 문제 풀기 · 교수자가 미리 설계한 문제에 따라 틀린 문제를 반복하여 풀 수 있도록 제공
정리	· 오답 노트 정리와 발표	· 자신이 틀리는 문제 찾기 · 왜 틀리는지 생각하기

23 (탐구영역)
실험이 필요한 과학 수업

실험 수업은 어려워

온라인 수업에서 가장 어려운 것은 실험이 아닐까 싶다. 학습자가 학교에 나오지 않는 상황에서 실험이 실제로 이루어지기가 어렵기 때문이다. 대학은 한 팀 인원을 6~8명으로 최소화하여 실험 수업을 진행하기도 한다. 하지만 초등학교와 중고등학교는 부분 등교나 다른 과목들이 빼곡하게 짜인 일정 속에서 대학과 같이 시간을 나누어 실험하기란 쉽지 않다. 그렇다고 학습 플랫폼에 올라온 동영상만 시청하는 것은 학습 효과에 대한 우려가 있다.

온라인 수업에서 가장 우려하는 것은 학습 효과다. 유튜브로도 배우는 시대이니, 학습자가 마음만 먹으면 가능한 일이 아닌가 할 수도 있다. 글을 쓰는 나 역시 자동차의 이중주차 방법을 유튜브로 익혔다. 하지만 학교에서 이루어지는 교육은 이렇게 단순하지 않다. 원리를 이해하고, 문제를 파악하고, 해결하는 과정을 생활화하도록 지도한다는 점에서 복잡하다. 영상을 보는 것만으로는 학습이 된다고 볼 수 없는 것이다.

실시간 + 영상으로 간접 실험 수업

그래서 찾은 방법이 실제 교실이나 과학실에서 수업하는 것과 같이 실시간 수업을 하며 판서를 하는 방식이다. 그리고 학습자가 직접 실험을 할 수 없다면 잘 만들어진 영상이나 교수자가 직접 제작한 영상을 시청하는 형태로 수업을 진행했다. 판서의 경우 다양한 프로그램이 개발되어 있고, 무료 업데이트가 된다. 앞에서 소개한 아이캔노트도 매우 유용한 도구다. 여기에서는 판서용 펜을 소개한다.

🔍 '판서펜' 이용 방법

네이버에서 '판서펜' 검색하여 다운로드 ▶ 실행

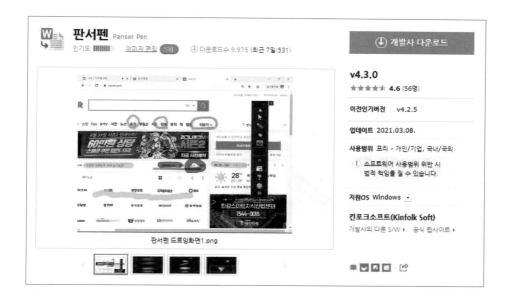

💡 '판서펜' 특징

① 펜 기능이 간단하여 다른 판서 프로그램에 비해 편리하다.

② 일반 펜과 형광펜 등 용도에 따라 골라 쓸 수 있다.

③ 키보드 입력을 통해 한글 판서도 가능하다.

④ 화살표와 도형 등의 이용이 용이하다.

⑤ 판서한 내용을 저장할 수 있다.

영상은 EBS에 올라온 것 중에서 일부 편집하여 사용하거나, 그것을 그대로 보여주되 소리는 죽이고 교수자가 직접 설명하며 보여주는 방식으로 활용했다. 이 경우 학습자의 수준에 맞는 어휘를 사용할 수 있어서 이해를 돕는 데 더욱 좋다.

온라인 수업 구성_실험 수업

【학습 목표】그림자가 생기는 원리를 이해할 수 있다.

(지식정보 처리 역량) 그림자의 정의를 알고 태양과의 관계를 안다.

(의사소통 역량) 그림자가 생기는 원리를 타인에게 설명할 수 있다.

【준비물】

온라인 수업 도구 : 실시간 수업 도구 줌, 영상, 학습지

학습자 준비물 : 학습지, 필기도구

단계	수업 내용	교사 안내서
도입	· 그림자 놀이 · 학습 목표 제시	· 동물 그림자 이미지로 동물 이름 맞히기 · 그림자 원리
내용	· 집에서 그림자 만들기 · 투명한 물체와 불투명한 물체 · 짧은 그림자 vs 긴 그림자 · 물체 모양과 그림자 모양	· 빛이 있는 곳이 어디일까?(학습자가 집 안을 돌아다닐 시간 주기) · 우리 집에서 그림자를 만들 수 있는 곳 찾기 · 유리컵처럼 투명한 물체와 머그컵과 같이 불투명한 물체 가져와서 그림자 비교 · 등 아래에서 긴 그림자와 짧은 그림자 만들기 · 물체 모양과 그림자 모양은 같을까 다를까? 그렇게 되는 이유는?
정리	학습지 정리	· 학습지 정리와 발표

학습지

- 그림자 학습지 -

그림자 정의

1. 그림자의 뜻을 써봅시다.

2. 뜻을 바탕으로 그림자가 왜 생기는지 설명해 봅시다.

투명 vs 불투명

3. 투명한 물체의 그림자를 설명해 봅시다.

4. 불투명한 물체의 그림자를 설명해 봅시다.

짧은 vs 긴 그림자

5. 등 바로 아래에 서 있을 때의 그림자 모양을 설명해 봅시다.

6. 가장 긴 그림자와 가장 짧은 그림자를 만들고 어느 위치에서 어떻게 만들었는지 설명해 봅시다.

물체와 그림자 모양

7. 물체 모양과 그림자 모양을 비교하고 설명해 봅시다.

8. 5와 같은 결과가 나오는 이유를 설명해 봅시다.

24 공유지도를 활용한 커뮤니티 매핑 수업

세상을 담은 지도

지도는 이제 사회 수업뿐 아니라 우리의 일상에서 없어서는 안 될 중요한 요소다. 특히 글로벌 시대에 세계 여러 나라에 관심을 가지고 그 문화를 즐기는 데 가장 기본이 되는 것이 지도다. 축척, 기호, 등고선, 방위 등을 수업하던 종이지도에서 벗어나, 현실의 모습을 그대로 옮겨놓은 듯한 위성지도가 다양하게 발달해 사회과부도나 지도책이 아니어도 스마트폰에서 쉽게 볼 수 있다. 자신이 사는 지역, 국가, 나아가 전 세계를 언제 어디에서나 볼 수 있는 것이다.

하지만 이러한 변화에도 불구하고 지도를 활용하는 수업은 예전이나 지금이나 학습자의 호기심을 불러일으키기에는 부족하다. 우리의 삶과 밀접하지만 실제 수업과는 멀리 떨어져 있는 지도를 활용하여, 내가 사는 지역의 문제점을 정리하고, 국가의 자연 경관을 소개하며, 세계의 분쟁 지역 등을 재미있게 학습할 수 있는 방법이 필요하다.

온라인 공유지도를 활용한 커뮤니티 매핑

미래 교육은 '민주시민 교육을 통한 인간 존엄성 실현'이 중요한 화두가 될 것이다. 민주시민 교육의 대표적 활동 중 하나는 사회문제에 관심을 가지고 연대를 통해 이를 해결해 가는 과정에 참여하는 것이다. 지금 소개하는 수업도 그런 의도로 시작했으며, 그 과정에서 온라인 공유 지도를 사용했다.

이 수업은 학습자가 지역의 문제점을 스스로 조사하고 분석하여 지도에 표현하는 것에서 출발한다.

🔍 구글 지도 교수자 사용법

구글 내 지도 검색 ▶ '내지도 - 정보 - Google 지도' 클릭 ▶ '시작하기' 클릭 ▶ '새 지도 만들기' 클릭

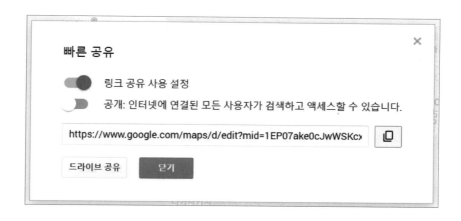

▶ '공유' 클릭 ▶ 공유하기 전에 이름 및 설명 추가 ▶ 'ok' 클릭

▶ 링크 공유 ▶ 링크 보기 ▶ '뷰어'를 '편집자'로 변경(링크를 가진 사람이 지도를 함께 수정할 수 있음) ▶ 학습자에게 링크 주소 공유 ▶ 학습자가 스스로 수정하고 저장함

교수자가 '문화의 공존과 갈등'을 주제로 수업 내용을 시각화한 자료

　교수자가 직접 수업에 사용할 내용들을 정리하여 공유지도를 제공하면, 학생들이 시각적으로 수업 내용을 확인할 수 있다.

📍 구글 지도 학습자 사용법

지도 상단의 [📍] 클릭 ▶ 입력 창에 제목과 내용 작성 ▶ 저장

📍 구글 지도 이용

① 사회과부도에 있는 내용을 현재에 맞게 조사하여 담기

② 각 지자체 홈페이지에 게시된 다양한 통계 표현하기

③ '코로나' 등 이슈를 조사하여 지도에 표시하기

학습자가 지도를 제작한 지역의 문제점 표시 사례

🔍 패들렛 맵 사용법

패들렛 로그인 ▶ 'PADLET 만들기' 클릭

패들렛 선택 화면 하단의 지도 선택

지도 상단의 + 클릭 ▶ 위치 선택('이 핀을 드래그하여 지도상의 아무 위치에나 놓으세요') 클릭 ▶ 드래그하여 핀 놓기 ▶ 관련된 사진, 설명 등을 패들렛에 작성

패들렛을 활용한 학습자 지도 제작 사례

패들렛 지도는 구글 지도에 비해 정교함은 떨어지지만 조금 더 쉽게 공유할 수 있다. 온라인 수업이 진행되면서 자료를 한눈에 볼 수 있다는 장점으로 인해 많이 사용되고 있는 도구이다.

문제점을 지도에 표현했다면 그것을 해결하기 위한 방안에 대해 이야기를 나눈다. 이 과정에서 지도에 관심이 없던 학습자도 자신이 직접 지도에 표현함으로써 관심도를 높였다. 또한 다른 학습자가 제시한 문제점을 확인하고 그것을 해결하기 위한 방안을 생각하는 과정을 통해 토의와 토론으로 자연스럽게 이어졌으며, 딱딱한 수업이 아니라 재미있는 활동으로 진행되었다.

이후 이것을 실현시켜 줄 대표를 선발하는 활동으로 연결한다. 앞서 활동한 해결 방안 가운데 2~3가지를 선별하여 유세의 공약 사항으로 사용한다. 유세를 위한 홍보물은 온라인 구글 공유 문서를 활용하여 실시간으로 협업 작업을 통해 제작한다.

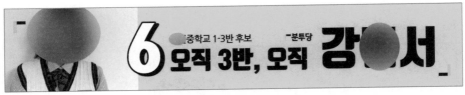

　구글 설문을 이용하여 직접 투표에 참여함으로써 선거의 의미를 알 수 있도록 한다.

　지도를 활용하는 수업은 온라인 지도 사용법은 물론 세계를 아는 활동과 연계하여 여행 계획 세우기 등의 교육이 가능하다. 사회 외에도 국어 과목에서 작품의 배경이 되는 지역이나 나라를 찾아보는 것에도 활용할 수 있다. 지도는 이제 우리 삶에서 없어서는 안 될 미디어다. 내비게이션부터 학습자들의 생활 곳곳에서 더욱 친숙한 미디어이므로 학습자가 지도를 학습용이 아니라 생활의 일부로 받아들일 수 있도록 지도하는 것이 좋다.

온라인 수업 구성_구글 지도를 활용한 커뮤니티 매핑

【학습 목표】 디지털 미디어를 활용하여 지도 사용을 생활화할 수 있다.

(지식정보 처리 역량) 지리 정보를 탐색하고 분석한 후 온라인 지도에 표시하고 활용한다.

(공동체 역량) 온라인 지도를 통해 자신이 사는 지역의 문제점을 파악하고 해결하는 공동체 의식을 키운다.

(의사소통 역량) 온라인 지도를 만들며 다른 사람의 의견을 경청하고 자신의 생각을 표현한다.

【준비물】
온라인 수업 도구 : 구글 지도, 구글 문서, 패들렛, 줌
학습자 준비물 : 스마트 기기

단계	수업 내용	교사 안내서
도입	· 학습 목표 제시	· 지역사회의 문제점을 조사하고 분석하여 커뮤니티 매핑에 참여한다. · 지역의 문제를 해결하는 방안을 제시할 수 있다.
내용	· 지역사회 문제점 조사 · 온라인 지도에 표현하기 · 발표하기 · 지역의 문제를 해결하기 위한 선거 수업	· 소모둠 또는 개인별 학습이 가능 · 공유 지도(구글 지도 또는 패들렛 맵)를 활용하여 온라인 지도에 지역사회의 문제점을 표현 · 문제점을 발표 · 지도에 표현된 문제점을 해결하는 대표를 선발하는 선거 활동
정리	· 지역의 문제와 해결 방안 정리	· 평가 진행

학습자의 반응을 끌어내는
참여형 수업

온라인 수업에서 반응 없는 학습자

교수자가 수업에서 겪는 가장 큰 고충은 아마도 '수업에 반응하지 않는 학습자를 수업으로 끌어들이는 것'이 아닐까 싶다. 적극적으로 참여하고 자신의 의사를 표현하는 학습자는 정해져 있고, 그 외 학습자는 아는지 모르는지 의사 표현을 하지 않기 때문이다.

인문사회 수업은 학습자가 직접 이야기를 구성하고, 토론하고, 협업하도록 지도하는데 학습자가 생각을 말로 표현하지 않으면 수업이 더 이상 진행되기 어렵다.

학습자가 발표하지 않는 이유는 무엇일까? 아마도 앞에서 이야기했던 것과 같이 부끄러움과 불편함, 그리고 자신의 이야기가 다른 학습자에게 어떤 평가를 받을지에 대한 염려 때문일 것이다. 이러한 현상은 온라인이라고 나을 리 없다.

패들렛으로 생각 모으기

교과서는 이론을 학습하기에 가장 합리적이고 이상적인 도구다. 하지만 학습자는 자신들의 경험을 바탕으로 이해한다는 점에서 교과서만으로 학습하는 것에는 한계가 있다. 그래서 학습자의 경험을 공유하고, 그것을 바탕으로 교과서 속 문제를 자신의 생활 속 이야기로 풀어가도록 지도한다.

사회화 단원에서도 마찬가지다. 사회화 기관이란 '가정, 학교, 또래 집단 등'으로 한 사람의 인생에서 사회화를 도와주는 개체를 말한다. 이러한 사회화 기관을 알아보기 위해, 학습자는 자신의 경험 속에서 사회화 기관을 통해 배운 것을 패들렛에 기록하는 활동을 한다.

패들렛은 클라우드를 기반으로 포스트잇을 벽에 붙이듯 온라인 화면 속에 게시하고 활동하도록 구성된 프로그램이다.

🔍 패들렛 사용법

패들렛 로그인 ▶ 'PADLET 만들기' 클릭

'다음'과 '메뉴' 중 하나 선택

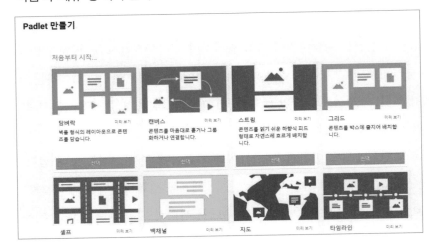

빈 담벼락 우측 상단의 '공유' 클릭 ▶ 공유 옵션 중 '프라이버시 변경' 클릭 ▶ '비밀'은 링크를 받은 사람에게만 허용되는 옵션 ▶ 방문자 권한을 작성 가능 또는 편집 가능으로 선택

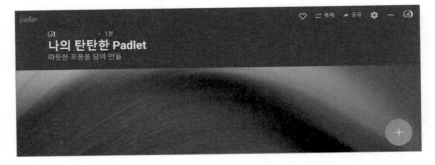

다시 담벼락에서 우측 하단의 ⊕ 클릭(또는 빈 페이지 더블클릭) ▶ 제목과 내용 작성 ▶ 그림이나 파일 첨부는 왼쪽 하단의 ⬆ 클릭 ▶ 파일 창에서 '파일 선택' 클릭 ▶ 내 컴퓨터에서 파일 찾아 업로드 ▶ 링크는 🔗 클릭 후 'URL 입력' 창에 저장

이렇게 입력된 학습자의 경험을 나눈다. 이 경우 글로 작성된 내용을 보고 읽으면 되므로 말하기에 자신 없는 친구들도 발표에 부담을 덜 느낀다.

발표가 끝나면 교과서의 내용과 비교해 본다. 이 과정을 통해 학습자는 자신이 사회화 기관의 하나로(예를 들면 자식, 친구, 형제자매 등의 입장) 제대로 행동하고 있는지를 반성해 볼 수 있다. 실제 학생들은 이 과정을 통해 자신들이 주변 사람들의 사회화에 나쁜 영향을 주고 있다는 반성적 의미의 이야기를 많이 발표했다.

학습자의 글을 모은 패들렛

💡 패들렛 활용법

① 한 단원마다 생성하여, 교사가 자료를 공유하거나, 학습자가 찾은 정보를 기록할 수 있다.

② 모둠이 활동한 자료를 공유하는 플랫폼으로 사용할 수 있다.

③ 포스트 잇과 같이 1인이 1장의 카드에 한 단어씩 작성하고, 같은 생각들을 분류하여 정리할 수 있다.

멘티미터로 투표하기

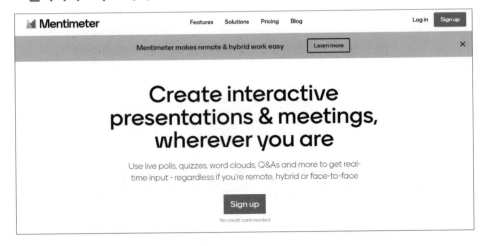

멘티미터는 별도의 앱을 설치하지 않고 수업 시간에 바로 사용할 수 있는 프로그램이다.

🔍 멘티미터 교수자 사용법

멘티미터(교수자용 https://www.mentimeter.com/) 로그인 ▶ '사용처' 클릭 - 역할(교사) - 선택 저장 ▶ 목표 선택 - 선택 저장 ▶ 무료 - 무료로 계속 또는 구매 ▶ 'New presentation' 클릭 ▶ Create new presentation 작성 후 'Create presentation' 클릭 ▶ Type(cloud, Quiz 등) 선택 ▶ Content 질문 작성 ▶ 학생당 답변 수 수정 ▶ Extras 활성화

🔍 멘티미터 학습자 사용법

멘티미터(학습자용 https://www.menti.com/) 접속 ▶ 교수자가 만든 페이지의 코드 번호 입력 ▶ 답변 입력 후 Submit 저장

💡 멘티미터 주의 사항

① 교수자와 학습자의 접속 경로가 다름.

② 교수자가 멘티미터를 열고 있어야 답변을 작성할 수 있음.

③ 멘티미터는 답변을 제출한 학생을 알 수 없음. 그러므로 학습자를 알아야 하는 경우 답변에 이름을 붙이도록 지도함.

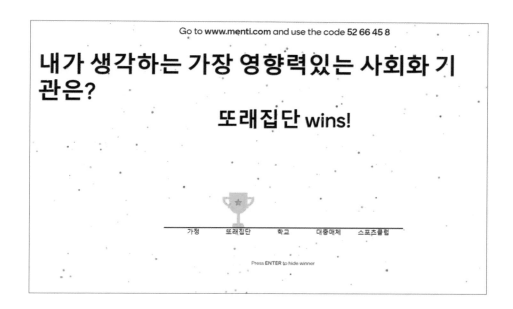

앞의 수업에 이어서 멘티미터를 활용하여 학습자가 중요하게 생각하는 사회화 기관을 알아보는 수업을 진행했다. 멘티미터의 투표 기능과 클라우드 기능을 활

용하여 정리해 봤다. 이러한 과정을 통해 학습자들이 답한 것에 스스로를 대입해 보는 질문을 하며 수업을 마쳤다.

　패들렛과 멘티미터는 교과를 떠나 어떤 수업에서나 학생들의 생각을 읽어내고, 공론화해서 토의 토론 수업으로 연결할 수 있는 아주 좋은 원격수업 도구다. 교실에서 오프라인 수업으로 돌아가더라도 학습자들의 생각을 알아보는 도구로 활용해 보자.

멘티미터를 이용한 수업 사례

온라인 수업 구성_패들렛과 멘티미터로 학습자의 생각을 알아보는 수업하기

【학습 목표】 디지털 미디어를 활용하여 자신의 생각을 표현할 수 있다.

(의사소통 역량) 디지털 미디어를 활용하여 생각을 표현하고 공감한다.

(공동체 역량) 실시간 답변을 통해 공동체 의식을 기른다.

【준비물】

온라인 수업 도구 : 멘티미터, 줌, 패들렛

학습자 준비물 : 스마트 기기

단계	수업 내용	교사 안내서
도입	· 학습 목표 제시	· 사회화를 탐구하고 사회화 과정을 설명할 수 있다. · '내가 겪은 사회화 기관' 활동으로 이론적인 사회화 기관과 실제 사회화 기관을 비교할 수 있다.
내용	· <늑대소년> 영상으로 짝 활동 · 사회화 및 사회화 기관 설명 · 이론적 사회화 기관과 실제 사회화 기관 비교하기	· 영화 〈늑대소년〉 영상으로 '인간'이 갖춰야 할 조건에 대해 짝과 함께 생각해 보기 · 교과서를 바탕으로 교사의 이론 수업 진행 · 학생들이 실제 자신이 사회화 기관으로서 어떤 역할을 했는지 패들렛에 적고 교과서의 내용과 비교해 보기 · 패들렛 활용한 활동
정리		· 멘티미터 활용한 생각 정리

사회화 기관 학습지-1

1. <생각열기- 짝활동> <늑대소년> 영상을 보고 질문에 답해 보자.

영상 속에 나오는 늑대소년은 인간일까, 아닐까? 이유와 함께 생각을 적어보자.

① 나의 생각 :

② 짝의 생각 :

2. <오늘의 학습 내용>

가. 사회화

  1) 사회화란? [교과서 읽고 정리하기]

  2) 사회화의 기능

개인적 측면	사회적 측면
자신이 속한 사회의 생활양식을 학습하여 사회 구성원으로 성장하는 과정	사회의 규범과 가치를 다음 세대로 전달하고 사회를 유지하는 기능

나. 사회화 기관

  1) 사회화 기관이란? 사회 구성원의 사회화를 담당하는 집단이나 기관

1차 사회화 기관	2차 사회화 기관
가정이나 친족 집단, 또래 집단 등 자연 발생적으로 이루어진 집단으로 인간적이며 대면 접촉 관계 중심	인위적이고 공식적인 단체로 학교, 직장, 군대, 대중매체 등

  2) 내가 겪은 사회화 기관
    ① 패들렛에 접속한다.
    ② 제시된 각 사회화 기관에서 내가 무엇을 배웠는지 내용을 적는다.
    ③ 장난으로 적지 않고 자신이 실제 겪은 내용을 바탕으로 정리한다.

사회화 기관 학습지-2

3. <내용 정리하기> 사회화 기관의 종류와 특징

1) 사회화 기관을 정리하고 패들렛 내용과 비교하기 [교과서 참고하기]

사회화 기관	사회화 기관의 주요 특징	영향을 미치는 시기
가정		유아, 아동기
또래 집단		청소년기
학교		청소년기
직장		성인기
대중매체		평생

2) 내가 살아오면서 겪었던 사회화 기관의 모습이 실제 사회화 기관의 역할을 제대로 했는지 여러분의 생각을 적어보자.

3) 재사회화 : 사회화는 특정 시기에만 한정되지 않고 평생에 걸쳐 끊임없이 이뤄짐. 자신의 주변 상황이 변했을 때 사회 변동과 새 환경에 적응하기 위해 새롭게 사회화하는 과정.

4. <정리하기>

① 멘티미터로 최고의 사회화 기관 뽑기

② 워드클라우드로 인간이 되기 위해 가장 필요한 것 모아보기

③ 오늘 제작한 프레젠테이션을 개인 홈페이지에 올리기

주제 공감 수업 노하우

수업에 공감대 형성하기

온라인이든 오프라인이든 수업을 할 때 가장 중요한 것은 무엇일까? 아마도 내용, 평가, 재미 등 다양한 대답이 나올 수 있다. 그 가운데 가장 중요한 것은 공감대가 아닐까 싶다.

하지만 다원화된 사회에서 교수자와 학습자 간의 공감대를 형성하기란 쉽지 않다. 물론 학습자 간에도 어렵기 때문에 교실에서 공감대를 형성하는 것이 교수자의 고민이기도 하다.

최근 독서교육에서 온책읽기나 한책읽기와 같은 프로그램이 빛을 발한다. 모두 같은 책을 읽기 때문에 공감대가 형성되어서 나눌 이야기가 많아진다.

멘티미터로 공감대 확인하기

여기에서는 멘티미터의 활용 방법을 중심으로 살펴보고자 한다. 학기 초 다음과 같은 질문을 해보자.

1. 학급 경영에서 활용하기

① 우리 반이 된 느낌을 한 단어로 나타내면~

② 담임선생님에 대한 첫인상을 한 단어로 나타내면~

③ 어떤 반(또는 한 해)이 되면 좋을지 표현해 보면~

④ 올해 우리 반에서 어떤 활동을 하면 좋을지~~

⑤ 올해 나는 어떤 학생이 될지~

2. 수업을 시작할 때 활용하기

① 사회 과목 하면 생각나는 단어는?

② 사회 과목에서 지금까지 학습한 것 중 가장 기억에 남는 3가지는?

③ 올 한 해 사회 수업에 거는 기대 3가지는?

④ 올 한 해 사회 수업에서 어떤 것을 꼭 배우고 싶은지?

⑤ 사회 수업에 임하는 나의 자세는?

3. 교과 수업 시간에 활용하기

① 수업 열기에서 : 오늘 수업할 '공공기관' 하면 가장 생각나는 것은?

② 수업 내용에서 : '공공기관'은 어떤 역할을 담당해야 하는가?

③ 토의 토론 질문 : '공공기관'은 공공의 역할을 하는가?

④ 생각 정리하기 : '공공기관'이 공공의 목적을 수행하기 위한 조건은 무엇인가?

⑤ 수업 정리하기 : 우리는 '공공기관'을 어떻게 이용하고 있는가?

이러한 내용을 바탕으로 하면, 학습자들이 오늘 배운 내용과 관련하여 어떤 편견을 가지고 있는지 알 수 있다. 공감대 수업은 상호작용이 필요하다. 그런 의미에서 시간을 넉넉히 가지고 진행하는 것이 좋다.

게임으로 공감대 형성하기

공감대 수업에서 유용한 것이 게임이다. 게임은 학습이라는 느낌을 덜어줄 수 있기 때문이다. 다음은 공감대를 주제로 온라인과 오프라인에서 모두 진행 가능한 게임이다.

주제 공감 게임
목표 : 공감 능력이 높은 공감왕 & 개성왕 선발을 통해 공감 능력을 기른다.

① 공유 키워드를 보고 연상되는 단어 8가지를 적는다.

② 내가 쓴 단어 중 한 가지를 공개하고, 같은 단어를 쓴 사람의 숫자만큼 점수를 획득한다. 이때 해당 단어를 쓴 모든 사람이 나와 같은 점수를 획득하게 된다.

예) 홍길동이 미역국을 말하고, 박철수와 김영희가 미역국을 썼다면, 홍길동, 박철수, 김영희는 각각 3점씩 획득한다.

③ 내가 공개한 단어와 같은 것을 쓴 사람이 한 명도 없으면 획득 점수는 0점이다.

④ 돌아가면서 한 개의 단어를 이야기하고 두 바퀴를 돌면 끝난다.(학습자의 수에 따라 게임 방법 변형 가능)

⑤ 마지막에 가장 많은 점수를 획득한 사람이 공감 능력이 높은 공감왕이 된다.

⑥ 개성왕은 반대로 가장 낮은 점수를 획득한 학습자로 선발한다. 그리고 그가 가진 개성이 무엇인지 알기 위해 작성한 단어를 발표하도록 한다.

공유 키워드	생일	참여자	8명 참가

연번	연상되는 단어	공감 여부	같은 생각을 한 사람 수(획득 점수)
1	미역국	V 철이	8점
2	케이크		
3	축하		
4	파티	V 순덕	4점
5	가족		
6	현금	V 찬정	0점
7	엄마		
	합계(나의 공감성 점수)		14점

이 게임을 진행할 때는 같은 생각을 하는 공감도 중요하지만, 새롭고 창의적인 생각을 하는 개성도 중요하다는 점을 이야기해야 한다. 그래서 모두 존중받아야 함을 이야기하여야 사회성을 기를 수 있다.

유튜브로 공감대 형성하기

학습자 간의 공감대 형성이 쉽지 않다면 영상을 활용해 보자. 앞에서도 이야기했지만 잘 찾은 영상 하나가 수업의 분위기를 바꾸어놓듯이 공감대 형성에 영향력을 발휘한다.

이때 가장 유용한 디지털 미디어는 유튜브다. 유튜브는 특정한 주제를 바탕으로 짧은 길이의 짤부터 하나를 소개하는 긴 길이까지 매일 수천수만 개의 다양한 영상이 업데이트된다. 그러므로 수업의 주제와 관련하여, 또는 학습자와 함께 이야기해 보면 좋을 영상들을 사전에 발굴하여 정리해 두는 것도 좋다. 그리고 그 영상들을 이용하여 공감대를 형성해 보자.

💡 영상을 활용할 때 주의해야 할 5가지

1. 주제에 맞는가? : 가령 열대우림을 학습했다면, 〈정글북〉, 〈타잔〉, 〈웰컴 투 더 정글〉, 〈아마존의 눈물〉 등의 일부를 활용할 수 있다.

2. 교육에 적합한가? : 유튜브 영상 속에서 비교육적인 측면에 대해 꼼꼼하게 체크해야 한다.

3. 저작권 문제는 없는가? : 영상을 다운로드하기보다 링크를 클릭하여 보여주는 것이 좋다.

4. 영상의 길이는 적당한가? : 공감대 형성에 적당한 길이(시간)를 생각해야 한다.

5. 공감을 어떻게 정리할 것인가? : 영상을 보기만 하는 것이 아니라 공감을 끌어내기 위한 방법을 생각해야 한다.

'만약에' 활동을 통해 상상력으로 공감하기

상상력을 발휘하여 공감대를 형성해 보자. 상상은 한계가 없고, 편견도 없으므로, 학습자들이 편하게 공감대를 형성할 수 있다. 수업하고자 하는 '만약' 카드를 제작하여 학습자에게 제시해 보자.

💡 '만약에' 상상 말하기 게임 사례

1) 학습자에게 빈 카드를 제공하고 주제에 맞게 다음과 같은 질문을 작성하게 한다.

 - ○○에 관해, 만약에 ○○하게 된다면?

2) 질문 카드를 잘 섞고 돌아가면서 뽑은 후, 카드의 질문에 대해 발표한다.

 (하나를 뽑은 후 바로 발표할 수도 있고, 모두 하나씩 뽑은 후에 생각할 시간을 가지고 차례로 돌아가며 발표할 수도 있다.)

3) 발표 후 학습자들이 창의적인 질문 카드를 만든 사람과 재치 있는 질문 카드를 만든 사람을 뽑는다.

예시) 주제가 열대우림인 경우	
열대우림에 살게 되었다면 어떻게 식량을 구하겠습니까?	열대우림에서 일주일을 살아야 합니다. 3가지만 가지고 들어갈 수 있다면?

예시) 주제가 세계 또는 우리나라의 기후인 경우	
태어날 나라를 선택할 수 있다면?	우리나라의 기후를 선택할 수 있다면?

예시) 그 외 다양한 주제	
단 하루 동안 북극곰이 된다면?	하루 동안 법이 없어진다면?
한 달간 열대우림에서 누군가와 함께 살아야 한다면?	열대우림에서 일주일을 살아야 합니다. 3가지만 가지고 들어갈 수 있다면?
열대우림에 들어갈 때 모기장과 라이터 중에 선택해야 한다면?	열대우림에서 원주민을 만난다면?
열대우림에서 스스로 먹거리를 구해야 한다면?	열대우림에서 하나의 동물과 의사소통할 수 있다면?
모험가인 당신에게 생명이 2개라면?	적도 부근 한 나라에서 살아야 한다면?
열대우림의 100년 뒤 미래 모습을 봤다면?	열대우림에서 쏟아지는 비를 만났다면?

'만약에' 학습지 III. 극한 지역에서의 생활

제시된 단어를 가지고 '만약에 OO이/가 없다면'
어떻게 될지를 작성해서 발표해 보자.

단어	어떻게 될지	이유
열대우림		
플랜테이션 농장		
오아시스		
낙타		
석유		
추위		
지의류 (이끼)		
지구의 공전		

초성 퀴즈로 교과서 읽으며 공감대 형성하기

초성 퀴즈는 이전부터 많이 사용해 오던 교수 방법 중 하나다. 그러나 준비하기는 쉽지만 재미없는 학습이 될 수 있다. 그래서 재미를 보충하거나, 학습적 의미를 담아내는 것에 대해 더욱 고민하게 된다. 그중 하나가 초성 퀴즈 학습지를 미리 제시하고, 학습자가 본 수업으로 들어가기 전에 초성을 살펴보도록 하는 방법이다. 이는 본 수업에서 교과서를 읽거나 교수자의 설명을 듣는 사이사이에 더 관심을 가지고 몰입하도록 만드는 힘이 있다. 이러한 방식으로 협력적 공감을 얻을 수 있다.

1교시 잘알못 기후 테스트 문제지

열대 영역

아래 초성에 맞는 열대기후와 관련된 단어 또는 개념을 맞혀보세요.

① ㅈㄷ	② ㅅㅋ
③ ㅇㄷㅇㄹ	④ ㄱㅅㄱㅇ
⑤ ㅎㅅㄹ	⑥ ㅇㄷㅅㅎㅈㄴㅇ
⑦ ㅋㅅㅂ	⑧ ㅂㄴㄴ
⑨ ㅍㄹㄴ	⑩ ㅍㄹㅌㅇㅅ

초성 퀴즈 학습지는 위와 같이 작성할 수도 있고, 225~226페이지의 게임화 수업과 같이 작성할 수도 있다.

온라인 수업 구성_공감대 있는 수업 만들기

> **【학습 목표】열대우림 지역의 기후 특성을 알고, 생활 모습을 설명할 수 있다.**
>
> (지식정보 처리 역량) 열대우림 기후의 특징과 생활 모습을 설명할 수 있다.
>
> (공동체 역량) 공감 활동을 통해 기후에 대한 공감대를 공유할 수 있다.
>
> (의사소통 역량) 기후에 대해 자신이 가진 배경지식을 이야기할 수 있다.
>
> **【준비물】**
>
> **온라인 수업 도구 :** 멘티미터, 파워포인트, 학습지
>
> **학습자 준비물 :** 스마트폰, 필기도구

단계	수업 내용	교사 안내서
도입	· 주제 공감 게임 · 학습 목표 제시	· 주제 공감 게임으로 공동체의 생각을 확인한다. · 열대우림 지역의 기후 특성을 알고, 생활 모습을 설명할 수 있다.
내용	· 교과서 읽기 및 읽은 내용 공유하기 · '열대우림 속에서 살아남기' 시뮬레이션 활동을 통해 선택 활동 진행	· 초성 퀴즈 학습지 제공으로 교과서에 몰입하며 읽도록 유도 · 습득한 배경지식을 직접 활용할 수 있도록 시뮬레이션 활동 제공
정리	· 관련된 유튜브 영상을 분석하여 학습지 작성	· 영상을 보며 스스로 학습을 정리한다.

학습지 : 영화 <스노우 워커> 살펴보기

성취 기준 : 툰드라 기후의 특징에 대해 제시할 수 있다.

1단계 영화 속 내용 파악하기

① (사실 확인) 비행기 조종사 찰리가 조난당한 지역은 어딘가요? 어떤 기후?
　보기) 열대기후, 건조기후, 온대기후, 냉대기후, 한대기후, 고산기후 중

② (관찰) 이누이트는 어떤 음식을 먹나요?(영화 속에서 발견해 보세요.)

③ (판단) '툰드라 기후'가 인간의 거주에 불리한 이유를 영화 속에서 파악해 봅시다.

2단계 생각해 보기

① 주인공 찰리가 쉽게 좌절하고 분노하는 이유는 무엇일까요?

② 이누이트 소녀는 찰리와 달리 필요한 것들을 어디에서 얻고 있나요?

③ 이누이트 소녀의 행동으로 보아 툰드라 주민들은 어려서부터 어떤 교육을 받았을까요?

④ 찰리가 소녀의 무덤에 필요한 물품들을 넣어준 이유는 무엇일까요? 상대방을 진정으로 이해한다는 것은 어떤 의미일까요?

3단계 결론 도출하기

찰리가 이누이트 소녀로부터 배운 것은 무엇일까요? 여러분은 어떤 것을 배웠나요?

실제 같은 시뮬레이션 수업하기

온라인에서도 오프라인과 같이 활동하기

온라인 수업을 진행하면서 가장 아쉬운 것은 대면으로 진행했던 재미있는 활동 중심 수업을 그대로 이어가기가 어렵다는 것이다. 언택트 환경은 접촉을 최소화하는 거리두기가 기본이기 때문이다. 그러다 보니 온라인 수업은 교수자의 강의를 바탕으로 진행되는 것이 일반적이었다.

하지만 활동 수업을 했던 교수자는 활동 수업의 맛을 알기에 온라인 수업 안에서 부활시킬 방법을 고민한다.

시뮬레이션으로 활동 수업하기

시뮬레이션, 즉 모의학습은 학습자에게 다양한 역할을 경험하게 함으로써 학습 효과를 극대화하는 활동이다. 이 수업의 특징은 학습자가 단순히 다른 역할을 경험하는 것에 그치지 않고, 사건이나 그와 관련된 상황 등을 실제로 재연하거나 새롭게 만들어서 실제 상황처럼 진행하는 것이다.

이러한 모의학습은 인지적인 학습보다 정의적인 학습, 특히 태도와 가치관에 대한 학습에 효과적인 것으로 전문가들은 평가하고 있다. 모의학습은 학습자가 흥미를 가지고 적극적으로 참여하고 강의나 독서와 같은 인지적인 측면에서 공감하기 어려웠던 부분을 실제처럼 체험할 수 있다. 현대사회와 같이 예측할 수 없는 다양한 문제를 안고 있는 사회를 살아가는 학습자들에게 다양한 경험을 제공한다는 측면에서 효과가 높은 교육 방법이다. 그렇다고 인지적인 측면을 배제하는 것은 아니다. 모의수업을 통해 경험한 것을 바탕으로 인지적인 학습을 이끌어가는 것을 추천한다.

모의학습을 효과적으로 이끌기 위해서는 사전 준비가 철저해야 하고 학습자 역시 진지하게 수업에 임해야 한다. 그러기 위해서는 교수자가 학습자에게 수업의 방향을 명확하게 제시해야 하며, 모의학습을 위한 시나리오 역시 꼼꼼하게 구성해야 한다. 그래야 학습자의 공감을 일으키고, 수업에 대한 흥미를 끌 수 있다.

교수자는 학습자가 사고를 통해 끌어낼 수 있는 다양한 가상의 시나리오를 바탕으로 수업을 재구성하고, 해당 상황에서 수행해야 할 과제를 구체적으로 제시해야 한다. 이러한 수행을 통해 습득하게 될 역량과 지식 및 기능에 대해서도 미리 계획을 세워야 하며, 수행 과정에서 겪게 될 어려움에 대비하여 다양한 피드백 자료 또한 준비해야 한다.

이 수업을 성공으로 이끄는 것은 교수자의 스토리텔링 능력이라고 볼 수 있다. 교수자가 미리 준비한 PPT 화면을 제시하고, 학습자가 놓인 가상 상황을 실감 나게 담은 학습지 또는 시청각 자료를 문자나 톡 서비스 또는 영상으로 제시할 수 있다.

온라인에서 수업할 때는 소회의실에 이동하여 모둠별로 활동할 수 있고, 오프라인에서는 특히 거리두기나 방역 지침을 준수해야 하는 교실이라면 상황에 따라 개별 활동을 위한 형태로 세팅하면 된다. 또한 학습자가 모의활동을 위한 간접경험을 할 수 있도록 영상 또는 이미지 배경음악 등 오감을 사로잡는 환경을 제공하면 좋다.

학습자는 언제든지 온라인 수업 도구인 스마트폰이나 컴퓨터를 통해 검색이 가능하다. 그러므로 모의학습을 위해 제공된 상황이나, 문제를 해결하기 위한 정보를 충분히 검색하고 활용할 수 있도록 함께 지도하면 좋다.

온라인 수업 구성 _ 시뮬레이션 활동

【학습 목표】 희소성의 상대성을 설명할 수 있다.

(지식정보 처리 역량) 희소성이 상황에 따라 달라짐을 이해할 수 있다.

(창의적 사고 역량) 창의적인 문제 해결 방법을 제시할 수 있다.

(의사소통 역량) 문제를 해결하기 위해 상호 간에 대화를 나눌 수 있다.

【준비물】

온라인 수업 도구 : 패들렛

학습자 준비물 : 학습지, 필기도구

단계	수업 내용	교사 안내서
도입	· 시뮬레이션 상황에 대한 안내 · 학습 목표 제시	· 영상, 이미지, 소리 등을 이용하여 학습자가 상황에 몰입할 수 있게 한다.
내용	· 모둠을 구성 · 시뮬레이션 상황에서 해결해야 할 과제에 대한 안내와 진행 · 활동1 결과에 대해 모둠별로 발표하고 교사는 선택 결과에 대해 피드백과 점수를 부여 · 활동2를 통해 상황 변화에 따른 희소성 변화를 경험하고 이에 대해 함께 토의	· 모둠별 토의를 위해 온라인에서 진행 시 줌의 소회의실 기능을 활용할 수 있다. · 생각을 나누고 결과를 도출할 수 있도록 협의 시간을 제공한다. · 교수자는 소회의실을 이동하며 학생들의 토의 태도 및 의사소통 능력을 평가한다. · 활동1, 2의 비교를 통해 깨우침이 있도록 전체 학생들과 희소성의 상대성에 대해서 정의해 본다.
정리	· 희소성의 상대성을 파악할 수 있는 시뮬레이션 상황 글쓰기를 패들렛에서 진행	· 패들렛에 시뮬레이션 상황 글쓰기를 진행하고 서로의 내용을 공유하고 평가한다.

위기 탈출 경제 시뮬레이션 활동

① 오프라인 수업에서는 상황에 따라 개인별 또는 모둠별로 참여 가능. 온라인 수업 시 실시간 수업을 위한 소회의실 기능을 활용.

② 시뮬레이션 상황1을 통해 자신이 처한 상황을 인지함.

③ 교수자는 물품 선택에 대해 상황에 맞게 논리적으로 선택하도록 지도함.

④ 학습자는 상황1에 적합한 물품 카드를 선택.

⑤ 선택 결과를 학습지에 정리하고, 모둠 또는 전체에게 발표함.

⑥ 상황1 종료 후 상황2의 내용을 확인. 유사하지만 다름을 인지시킴.

⑦ 상황1과 2를 수업하고 익힌것을 스스로 정리.

[학생 선택 물품 카드]

코로나 이전 상황에서는 모둠별로 카드를 부여하고 협력하여 4가지 물품을 선택하게 했으나 현재는 카드를 화면에 보여주거나 학습지에 넣어서 선택할 수 있다.

사막 지도 1장

팀원 전체가 8일정도 버틸 수 있는 양

소금 1병

우의 8장

잭나이프 2개

총과 총알6발

금괴 9개

한정판 명품 가방

위기 탈출 경제 넘버 원 – 1, 2

[시뮬레이션 상황1]
여러분이 타고 가던 비행기가 사막에 불시착했다. 다행히 다치지는 않았지만 비행기는 모두 불타버렸다. 여러분을 비롯하여 비행기에 탑승했던 모든 사람들은 가벼운 옷차림을 하고 있으며 주변은 온통 모래뿐이다. 선인장도 하나 없는 이 땅에 가만히 앉아서 구조를 기다릴 경우 발견될 가능성은 매우 희박하다. 다양한 노력이 동반될 경우 사고 지점에서 10일 이내에 구조를 기대할 수 있다.

[활동1]
비행기가 불타기 전에 개인당(또는 모둠) 4가지 물품을 가지고 나올 수 있다. 가지고 나와야 할 물품과 그 이유를 기록해보자.

선택 물품	이유

[시뮬레이션 상황2]
여러분이 타고 가던 비행기가 사막에 불시착했다. 다행히 다치지는 않았지만 비행기는 모두 불타버렸다. 여러분을 비롯하여 비행기에 탑승했던 모든 사람들은 가벼운 옷차림을 하고 있으며, 주변은 온통 모래뿐이다. 다행히 비행기가 추락하기 전에 조난 신호가 제대로 송신되어서, 1시간만 견디면 구조될 것으로 보인다.

[활동2]
비행기가 불타기 전에 개인당(또는 모둠) 4가지 물품을 가지고 나올 수 있다. 가지고 나와야 할 물품과 그 이유를 기록해보자.

선택 물품	이유

이 수업은 희소성이란 상황에 따라 달라질 수 있음을 경험하도록 구성되었다. 1과 2의 각기 다른 상황에 따라 선택하는 것이 다를 수 있고, 여기에서 발생하는 희소성이 어떻게 변하는지를 알 수 있다. 이때 앞선 수업에서 사막기후 등을 학습했다면, 함께 활용할 수 있도록 구성하면 된다. 이렇게 간단한 학습지 또는 상황 제시만으로도 충분히 의미 있는 온오프라인 수업이 가능하다.

우리는 현실에서 네모난 교실이나 집 안이라는 제약을 받다 보니 강력한 수업 도구가 있음을 가끔 잊기도 한다. 학습자를 온라인 속 PPT 안에만 가두거나, 초록색 칠판 앞에만 붙잡아두지 말고, 시뮬레이션 상황을 통해 정보를 수집하고 문제를 해결하는 과정을 재미있게 학습해 보자.

> **[시뮬레이션 상황]** 여러분은 좀비가 창궐한 세상에 떨어지게 되었습니다. 사회집단을 모두 구출하라는 명령을 받았습니다. 좀비들이 창궐하는 세상에서 사회집단의 기준에 맞는 사람들을 모두 탐색해서 구출해 주세요.

사회집단을 찾아라! 좀비런! 비주얼 게임 학습지

협업을 부르는 모자이크 수업

협업으로 하나의 결과물을 생산하는 수업

교수자의 고민은 다양하다. 그중 하나가 학습자의 결과물을 개인이나 모둠이 아니라 학급 전체의 결과물로 생산하는 것이다. 이러한 결과물은 학습자의 성취감을 높이고 협업 정신을 향상시켜, 모둠을 넘어 학급과 학년으로 연결하는 확장성에서도 의미가 있다. 하지만 실제 수업에서 개인의 결과물을 생산하기에도 바쁘다 보니 전체적으로 연결시키기란 쉽지 않다. 그래서 늘 고민만 하다가 끝나는 작업이 한 학년 또는 전 학년을 동참시키는 협업 활동이다.

간판 광고에서 힌트를 얻은 모자이크 수업

우리에게 정보를 제공하는 미디어는 거리에서도 쉽게 찾아볼 수 있다. 그중 하나가 길거리에 즐비한 광고다. 우연히 마주한 광고는 모자이크 표현을 이용하여,

원거리에서는 한 장의 사진처럼 보이지만, 근거리에서는 다양한 사진이 드러나도록 구성되어 있었다. 이를 보며 학습자의 결과물도 이렇게 따로 또 같이 모으면 좋겠다고 생각했다.

사회 과목에 전국 다문화 가족 실태 조사와 관련하여, 외국인 거주민이 한국 생활을 하면서 겪는 어려움을 묻는 항목이 있다. 교과서는 언어, 경제적 어려움, 자녀 양육과 교육, 그리고 외로움 등의 문제에서, 다문화 사회가 보편화되어 갈수록 이주민들의 한국어 실력과 소득 수준은 향상되어 가지만 사회적 관계 형성의 어려움은 나날이 커지고 있음을 이야기한다.

그러나 자유로운 의사소통이 가능한 1인 미디어 시대에 살고 있는 현대사회는 외국 국적의 사람들(난민, 조선족, 탈북민 등)과의 갈등이 고조되어 가고 있어서, 다문화 사회가 무조건 좋다고 교육하기는 쉽지 않다. 무조건 좋다는 방향의 수업보다는 왜 우리가 이러한 길을 가야 하는지를 학습자가 이해할 수 있도록 충분히 설명하고 진행하고자 노력했다.

이러한 과정에서 다문화 사회의 중요한 구성원인 외국인에 대해 생각해 보고, 모자이크 프로그램을 활용한 대형 포스터를 제작해 보고자 시도했다.

모자이크 만들기 프로그램 '모사믹'

모자이크 제작을 위한 프로그램은 다양하다. 하지만 대부분 영어로 된 프로그램이기 때문에 사용하기 쉽지 않다는 단점이 있다. 이에 반해 모사믹(Mosamic) 프로그램은 우리가 흔히 사용하는 포털에서 검색과 다운로드가 가능하며, 모든 메뉴가 한글로 되어 있다는 점에서 누구나 사용하기 쉬운 도구다.

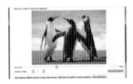
🔍 모사믹 사용법

포털사이트에서 모사믹 다운로드 ▶ '새로운 모자이크 만들기' 클릭 ▶ 하단의 '다음' 클릭 ▶ '모자이크 원본 이미지 설정' 클릭하여 내 컴퓨터에서 이미지 열기 ▶ 하단의 '다음' 클릭 ▶ 모자이크 종류 설정에서 사진 모자이크 선택 ▶ 아래 '조금'과 '많이'를 나타낸 바를 이용해 모자이크 타일 수 정함 ▶ '다음' 클릭 ▶ 아래 '타일 라이브러리 열기' 클릭 ▶ '내 컴퓨터에서 사진 가져오기' 클릭 ▶ 폴더 선정 후 더블클릭(아래 설명 참고) ▶ '하단의 모자이크 만들기' 클릭 ▶ 하단의 '저장' 클릭

💡 모사믹 사용 전에 할 일

① 패들렛 등 학습자의 결과물을 jpg 등의 이미지 파일로 제작.

② 하나의 폴더 안에 함께 모아둠.

③ 사진 가져오기는 폴더를 가져오도록 되어 있음. 즉, 내 컴퓨터를 열어도 사진 확장자는 보이지 않고 폴더만 보임. 그러므로 ②의 폴더를 더블클릭하여 불러옴.

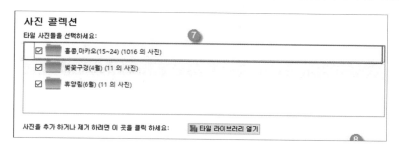

④ 최종 모자이크 만들기는 자동으로 제작됨.

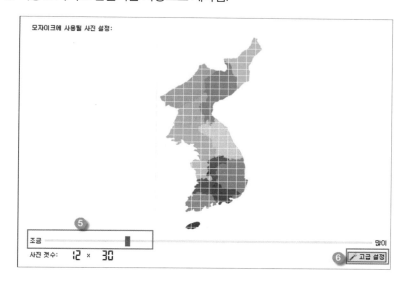

⑤ 상황에 따라 사진이 누락되는 현상이 발생하기도 함. 학습자의 사진을 모두 업로드했지만 모자이크 제작 과정에서 사진이 랜덤하게 편성되기 때문에 일어나는 현상임. 그러므로 사전에 학습자에게 양해를 구하는 것이 좋음.

온라인 수업 구성_모사믹을 활용한 공감이 있는 수업

【학습 목표】 다문화 사회를 향한 모자이크 제작하기 활동을 통해 우리가 함께 살아가야 할 다문화 구성원들과의 연대의식을 키울 수 있다.

(의사소통 및 협업 역량) 모자이크 프로젝트를 진행하며 함께 만든 작품으로 협업 능력을 기른다.

(정보 활용 역량) 배경지식이 되는 사전 작업으로, 정보를 활용하는 능력을 향상시킬 수 있다.

【준비물】

온라인 수업 도구 : 줌, 구글 문서, 모사믹

학습자 준비물 : 스마트 기기, 구글문서

단계	수업 내용	교사 안내서
도입	· 학습 목표 제시	· 우리가 함께 살아가야 할 다문화 구성원들과의 연대의식을 키울 수 있다.
내용	· 다문화 모자이크 프로젝트 시청 · 다문화 사회를 향한 모자이크 프로젝트 진행 · 줌 소회의실 활용 · 패들렛 활용하여 사진 공유	· 캐나다의 모자이크 프로젝트 정책과 관련된 〈지식채널e〉를 시청하고 생각을 정리한다. · 다문화 구성원을 위한 '모자이크 프로젝트' 정책을 모둠별로 작성한다. · 모둠별로 백인, 황인, 흑인, 동남아시아 계열의 사람들을 한 명씩 그린 후 스마트 기기를 활용하여 사진을 찍는다. · 사진을 공유한 후 교사에게 전달
정리	· 출력하여 전시	· 대형 포스터로 출력하여 전시한다.

수업 결과물 _ 모자이크 프로젝트 결과물

모자이크에 사용될 사진 설정:

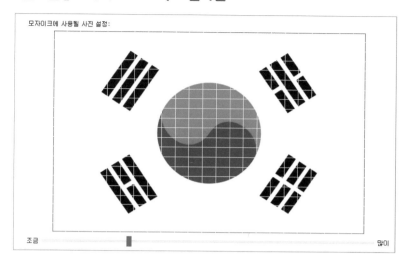

조금　　　　　　　　　　　　　　　　　　　　　　　　　　많이

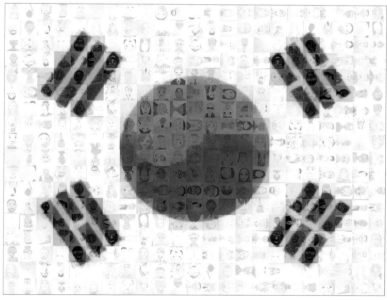

피부색은 달라도 우리는 하나

모자이크 프로젝트 학습지 1(개인)

① 캐나다가 세계 최초로 다문화주의를 채택한 이유는 무엇인가?

② 모자이크 프로젝트의 의미는?

③ <짝 활동 – 나의 생각> 모자이크 프로젝트와 같이 내가 다문화 구성원을 위해 할 수 있는 일은 무엇일까? 나의 생각을 정리하고 짝의 이야기를 경청해 보자.

④ <짝 활동 – 짝의 생각> 짝이 생각한 다문화 구성원을 위한 활동은?

모자이크 프로젝트 학습지 2(모둠)

캐나다의 모자이크 프로젝트와 같이 우리나라에 있는 다문화 구성원을 위한 지원이나 원주민들과의 관계를 개선할 수 있는 다문화 프로그램이 정책적으로 실시된다면 다문화 사회는 더욱 긍정적인 형태로 자리 잡을 것이다. 다문화 사회 구성원을 위한 정책을 계획해 보자.

① 정책을 만들게 된 배경, 즉 다문화 사회의 현상 중 어떤 문제점에 초점을 두었나?

② 위에서 언급한 문제점을 해결하기 위한 정책을 설명해 보자.

정책의 이름	
정책의 시행 시기와 이유	
정책 담당 기관과 그 이유	
정책의 내용	

③ 위의 정책이 실행될 경우 나타날 수 있는 긍정적인 현상을 예상해 보자.

④ 위의 정책이 실행될 경우 나타날 수 있는 부정적인 현상을 예상해 보자.

다문화 사회를 위한 모자이크 프로젝트

자유롭게 사람의 상반신을 한 명 그려보자. 백인, 흑인, 황인(우리나라 사람), 또는 동남아시아 사람 등 다양한 인종을 모둠원들이 각각 한 명씩 그리면 된다. 이후 사진을 찍어 선생님께 패들렛으로 공유한다. 그림 주변에 글을 적어도 된다.

------------------------------ 촬영은 여기 밑으로만 할 것 ------------------------------

학번		이름	

게임화로 수업의 재미 채우기

온라인 수업에 몰입하기

학습자가 수업에 능동적으로 참여하기 위해서는 수업 설계가 중요하다. 학습자가 적극적으로 참여하고 싶은 무언가가 수업 속에 디자인되어 있어야 한다. 그것을 게임에서 가져온 학습이 바로 게이미피케이션이다. 우리말로는 게임화로 풀이할 수 있다.

학습자가 좋아하는 게임을 학습에 적용한 것으로, 게임을 구성하는 메커니즘, 스토리, 미적 요소, 기술 등을 수업에 담는 것이다.

메커니즘	절차, 규칙
스토리	배경과 사건
미적 요소	색, 소리, 냄새 등 오감
기술	게임 재료, 구성물

또한 게임의 요소인 도전 과제, 경쟁, 점수, 보상, 관계 등을 담아서, 게임적인 사고와 게임 기법을 활용하여 '재미'를 바탕으로 학습자의 몰입을 유도한다. 더불어 동기를 부여하고, 문제 해결을 촉진하여 목적을 달성하게 한다.

기존의 기능성 게임을 교수학습의 매체 또는 교수학습의 환경으로 이용하여, 기존의 게임이 갖는 흥미와 재미를 최대한 살리는 '게임 기반 학습'과는 조금 다르다.

이러한 게임화 수업에서 가장 중요한 것은 상호작용이다. 특히 대면할 수 없는 상황에서는 수업 내용을 더욱 치밀하게 설계해야 학습자의 몰입을 유도할 수 있으며 의미 있는 학습이 된다.

온라인에서 게이미피케이션 수업 사례

게임 수업은 실시간 쌍방향 수업으로 진행해야 재미가 있다. 물론 요즘은 게임 시청 자체를 즐기기도 하므로 잘 만든 영상을 제공한다면 콘텐츠 중심 수업도 가능하다. 그러나 영상 제작에 공을 많이 들여야 한다는 단점을 생각할 때 적합한 학습 방법은 아니라고 볼 수 있다.

게이미피케이션은 무엇을 가르칠 것인가보다 어떻게 가르칠 것인가에 초점을 맞춘다. 교수자가 직접 지식을 전달할 수도 있으나, 고도화된 설계에 의해 학습자가 스스로 학습할 수 있도록 유도하며, 학습자의 참여를 통해 스스로 문제를 해결하고 생활에 연계하여 생각하고 실천하도록 한다.

💡 게이미피케이션을 위한 수업 설계

구성	내용	요소
메커니즘	절차, 규칙	도전 과제 : 학습 목표 경쟁 : 모둠 구성 보상 : 스티커, 쿠폰 등 점수 : 점수 관계 : 모둠 활동 참여
스토리	배경과 사건	수업 내용 수업의 흐름
미적 요소	색, 소리, 냄새 등 오감	학습지 구성
기술	게임 재료, 구성물	온라인 수업 도구, 학습지

게임화 수업에서의 보상 문제

게임은 경쟁에서 승리한 것에 대한 보상을 제공한다. 보드게임의 경우 칩이나 가상화폐, 온라인 게임의 경우 아이템 취득이나 레벨업이 해당한다.

교육적으로는 학습자에게 보상을 지급하는 것을 좋게 보지 않는 경우도 있다. 특히 사탕과 같이 먹을 것으로 보상하는 것에 대해서는 안전 문제도 있다. 또한 보상에 대한 관심이 지나쳐서 몰개인화 현상을 보이는 학습자도 있다. 그러므로 보상에 대해서도 신중하게 계획을 세워야 한다.

보상은 개인적으로도 가능하지만 공동체 안에서 이루어지는 것도 좋다. 한 사람에게 돌아가는 보상이 아니라, 공동체가 협력하여 목표에 도달했을 때 지급하는 방식에 대해서도 고려해야 한다. 수업을 게임화했지만 목표는 교육이라는 점에서 보상을 고민하여야 하는 것이다. 또한 획일화되고 틀에 박힌 보상을 하는 것보다 때에 따라 다르게 보상하는 것이 효과적이다.

💡 게임화 수업에서 보상하기

	오프라인	온라인

심리적 보상
(안정감, 사랑, 즐거움, 행복감, 성취감 등의 감정)
	· 하이파이브
	· 칭찬 박수
	· 칠판에 이름 쓰기
	· 스티커 지급
	· 쿠폰 발행
	  (숙제 없는 날 등)
		· 화면에 하이파이브
		· 칭찬 박수
		· 칭찬 담은 가상배경
		· 인증서 가상배경
		  (구구단 인증)

물질적 보상
(간식, 장난감, 학용품 등)
	· 학용품
	· 사탕
	· 트로피
	  (최고의 내레이션 등)
	· 수업 재료로 교환
		· 디지털 상품권(기프티콘)
		 - 성인의 경우 커피
		 - 학생의 경우 사탕~
		   비타민 등

이때 온라인이라는 환경은 보상 지급에 한계가 있기 때문에 더욱 신중해야 한다. 가령 대면수업에서는 대답하는 학습자마다 바로바로 지급했다면, 온라인에서는 수업의 흐름이 있기 때문에 쉽지 않을 수 있다. 그러므로 대면에서는 보상을 주는 타이밍을 고려할 필요가 없었다면, 온라인 수업에서는 어떻게 점검하고, 언제 보상할 것인지에 대해 생각해 보아야 한다.

💡 게임 이용하기

① 도입에서 게임 활용하여 관심 끌기

② 이론(정의, 원리 등) 수업에 몰입 유도하기 위해 사용

③ 학습자 중심 활동에 게이미피케이션 활용

④ 복습 단계에서 방탈출 등 게임으로 즐겁게 학습.

온라인 수업 구성_게임화 수업

【학습 목표】게임을 통해 지속가능 발전을 이해하고 실천한다.

(지식정보 처리 역량) 지속가능 발전의 의미를 알고, 우리가 할 일을 안다.

(의사소통 역량) 지속가능 발전 목표에 대해 자신의 생각을 말할 수 있다.

(자기관리 역량) 자신의 삶 속에서 지속가능 발전을 실천할 수 있다.

【준비물】

온라인 수업 도구 : 학습지

학습자 준비물 : 학습지, 필기도구

단계	수업 내용	교사 안내서
도입	· 발전에 대한 질문 · 학습 목표 제시	· 지속발전 가능 목표가 필요한 이유에 대해 영상으로 살펴본다. · 4모둠으로 나눔
내용	· 지속가능 발전 목표 중 '12. 지속가능한 소비와 생산 양식의 보장' 자음 퀴즈 · 목표 11가지를 바탕으로 캠페인 기획하기 · 캠페인 발표 · 캠페인에 점수 주기 · 점수 준 이유 말하기	· 모둠이 소회의실에 모여 자음 퀴즈 풀기 · 자음 퀴즈에서 맞힌 개수만큼 점수 지급 (오프라인의 경우 점수 대신 사탕 지급. 사탕은 먹으면 손해임을 알림) · 모둠이 소회의실에 모여 특정 단체가 되어 목표를 위해 캠페인 작성 · 전체가 모여 회의 내용 공유하며 발표 · 1등 모둠에 자기 팀 점수에서 3점, 2등 모둠에 2점, 3등 모둠에 1점을 채팅 창에 쓰기(자기 팀 점수 부족은 마이너스 처리) · 1등 점수를 준 이유 말하기
정리	· 점수가 가장 높은 팀 찾기	· 수업 중 참여도 등에서 보상받을 학습자 선발. 팀에서 한 명 선발해도 좋고, 전체 수업에서 특정 인원을 뽑아도 좋음

학습지

유엔 지속가능 발전 목표(SDGs)

12.1 (지속가능한 소비 생산 이행) 개발도상국의 발전 상황과 역량을 고려하면서, ㅅㅈㄱ 주도로 지속가능한 ㅅㅂ·ㅅㅅ 양식에 관한 10개년 계획을 모든 국가가 이행한다.

12.2 (자연자원의 관리 및 사용) 2030년까지 ㅊㅇㅈㅇ의 지속가능한 관리와 ㅎㅇ적 사용을 달성한다.

12.3 (식량 손실 감축) 2030년까지 ㅇㅌ 및 ㅅㅂㅈ 수준에서의 전 세계 인구 1인당 ㅇㅅㅁㅆㄹㄱ 발생량을 절반으로 줄이고, 출하 후 손실을 포함한 식품의 ㅅㅅ 및 ㄱㄱㅁ에서 발생하는 식품 손실을 감소한다.

12.4 (모든 폐기물의 관리) 2020년까지 ㄱㅈㅅㅎ에서 합의된 프레임워크에 근거하여 ㅎㅎㅁㅈ 및 모든 ㅍㄱㅁ을 모든 주기에서 ㅊㅎㄱ적으로 관리하며, 인간의 ㄱㄱ과 ㅎㄱ에 미치는 부정적 영향을 최소화하기 위해 ㄷㄱ, ㅁ, ㅌㅇ으로의 ㅂㅊ을 현저하게 줄인다.

12.5 (폐기물 발생 감소) 2030년까지 ㅇㅂ, ㄱㅊ, ㅈㅎㅇ 및 ㅈㅅㅇ을 통해 ㅍㄱㅁ 발생을 상당히 줄인다.

12.6 (기업의 지속가능성 확보) 기업과 특히 대기업 및 ㄷㄱㅈ 기업에게 지속가능한 실천계획을 ㅊㅌ하고 보고 주기에 지속가능성 ㅈㅂ를 ㅌㅎ시킬 것을 장려한다.

12.7 (지속가능한 공공조달 시행) ㄱㄱㅈㅊ 및 ㅇㅅㅅㅇ에 따라 지속가능한 ㄱㄱㄷ 시행을 촉진한다.

12.8 (생활양식의 보장) 2030년까지 모든 사람이 ㅈㅇ과 ㅈㅎ를 이루는 지속가능한 발전 및 ㅅㅎㅇㅅ에 대한 적절한 ㅈㅂ와 ㅇㅅ을 갖도록 보장한다.

12.a (과학기술 역량강화 지원) ㄱㄷㄱ이 보다 지속가능한 소비·생산 양식으로 나아가기 위한 ㄱㅎ적·ㄱㅅ적 역량을 강화하도록 지원한다.

12.b (지속가능한 관광 모니터링) ㅇㅈㄹ를 ㅊㅊ하고 ㅈㅇ ㅁㅎ와 ㅌㅅㅍ을 알리는 지속가능 ㄱㄱ으로 인한 지속가능 발전 ㅇㅎ을 모니터링하기 위한 수단을 개발하고 이행한다.

12.c (화석연료 보조금 제도 개선) 개발도상국의 특수한 필요와 여건을 충분히 고려하고 ㅂㅈㅊ 및 영향을 받는 ㄱㄷㅊ를 ㅂㅎ하는 방식으로 ㄱㅂㄷㅅㄱ의 발전에 미칠 ㅂㅈ적 영향을 최소화하면서, ㅂㅈㄱ의 환경적 영향을 반영하도록 세제 개혁이나 환경유해보조금의 ㄷㄱ적 ㅍㅈ 등의 방법으로 국가별 상황에 따라 시장 ㅇㄱ을 제거함으로써 ㄴㅂㅅ 소비를 조장하는 비효율적 ㅎㅅㅇㄹ 보조금을 합리화한다.

학습지

캠페인 활동을 위한 기획서

단체 이름 : 캠페인 활동을 위한 단체 이름 만들기
단원 이름 :

문제 (캠페인 활동의 주제)

목표 (활동을 통해 이루고자 하는 구체적 변화)

비전 (활동을 통해 이루고자 하는 최종 목적)

캠페인 이름 : 표어처럼 구성

캠페인 참여자	연합할 단체	촉구 대상
캠페인을 직접 만들고, 함께 캠페인 활동을 할 사람이나 단체	비슷한 주제로 활동하는 단체 및 캠페인에 힘을 실어줄 단체	이 캠페인에 동참해야 하는 대상이나 변화를 만들 힘이 있는 단체나 결정권자 등

（예체능영역）
음악 프로그램과 피드백

30

음악을 자유롭게 즐길 수 있는 음악 프로그램

음악 수업이라고 하면 주로 노래를 부르거나 악기를 연주하는 활동을 떠올린다. 실제 음악 교과서는 제재곡 중심으로 편성되어 있어, 하나의 제재곡을 노래로 부르거나 악기로 연주하는 것이 주를 이룬다. 이렇다 보니 가창과 기악 기능의 보유 여부에 따라 교과목의 선호도가 달라지기도 한다.

하지만 음악은 이미 우리 생활 속에 들어와 있다. 스마트폰만 있으면 내가 원하는 음악을 언제든 들을 수 있으며, 다양한 앱과 도구의 발달로 인해 특정 프로그램을 이용하면 누구나 음악을 만들고 즐길 수 있다.

누구나 쉽게 음악을 즐길 수 있는 크롬 뮤직 랩

코로나 이전의 음악 수업에서도 이미 다양한 도구를 이용하여 음악을 만드는 수업이 진행되고 있었다. 그중에는 프리웨어로 즐길 수 있는 것도 상당수 존재했다.

그러나 학습자의 능력과 상관없이 쉽게 접근하고 자유롭게 공유할 수 있어야한다는 점에서 학습도구로 부적합한 경우가 많았다. 지금 소개하는 크롬 뮤직 랩(CHROME MUSIC LAB)은 구글에서 개발한 음악 교육 웹사이트다. 구글 로그인 하나면 따로 인증이 필요 없으며, 접근성도 쉽고, 인터넷 브라우저를 기반으로 하는 다양한 미디어에서 이용이 가능하다. 게다가 학습자의 창작물을 간단한 URL 교환을 통해 쉽게 공유할 수 있다.

크롬 뮤직 랩은 14개의 음악 체험 프로그램이 있으며 음악, 예술과 관련된 원리를 체험하고 실험할 수 있도록 제공하고 있다.

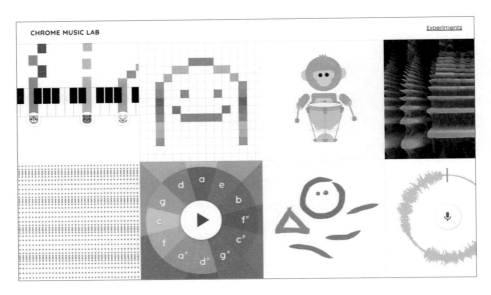

크롬 뮤직 랩

전문지식이 없어도 작곡이 가능한 송메이커

크롬 뮤직 랩에 있는 송메이커를 이용하면 작곡에 관한 전문지식이 없는 학습자도 간단한 클릭만으로 음악을 만들 수 있다. 각각의 계이름이 색깔로 구분되어 있으며 마우스를 클릭하면 악보에 색깔이 칠해진다. 기본 멜로디와 반주를 위한 악기가 지원되며 각각 5종씩 선택할 수 있다. 실제 악기처럼 반음을 표시할 수 없고 반주도 2가지 음만 선택할 수 있어 한계가 있지만 음악 수업에서 작곡을 체험하기에는 충분하다.

🔍 송메이커 기본 사용법

① 기본 화면

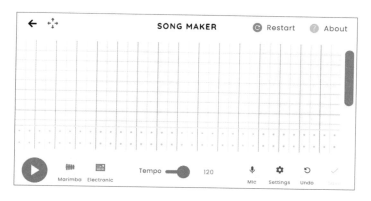

클릭을 통해 멜로디 입력과 반주 입력을 할 수 있음

② 멜로디

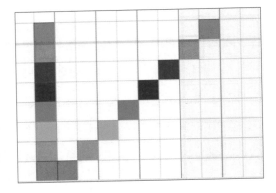

색깔마다 7음계가 지정되어 있으며 한 칸마다 1/2박자로 이해할 수 있음

▶ 반주 입력

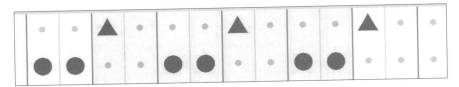

반주는 2가지 음으로만 입력 가능

▶ 악기 선택

각각 5개의 악기 소리를 제공하는 멜로디와 반주 악기를 선택할 수 있음. 멜로디

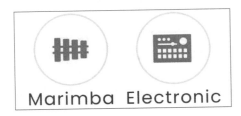

를 만든 후 악기를 바꿔가며 노래에 어울리는 악기를 찾을 수 있음.

▶ 템포 조절

창작한 음악의 속도 조절 가능

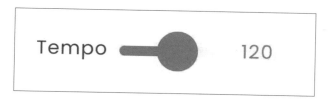

▶ 기타 선택 버튼

· 마이크 : 마이크를 통해 노래나 목소리로 음계를 입력할 수 있음

· 옵션 : 음악 전체 길이, 박자 길이, 장조와 단조, 옥타브 등 지정 가능
· 되돌리기 : 이전에 실행한 것을 되돌림
· 저장 : 음악을 저장하고 공유 링크를 생성함

▶ Settings(옵션)

Length	4 bars − +	Scale	Major ⌄
Beats per bar	4 − +	Start on	Middle ⌄ C ⌄
Split beats into	2 − +	Range	2 octave − +

· Length: 전체 음악의 길이

· Beats per bar: 1마디당 박자 수

· Split beats into: 1박자 안에 사용하는 음의 수

· Scale: 음계 설정

· Start on: 조성

· Range: 사용하는 옥타브 범위

송메이커를 활용한 작곡 수업

【학습 목표】 송메이커를 활용하여 내가 표현하고 싶은 느낌을 음악으로 표현할 수 있다.

(심미적 감성 역량) 일상생활의 느낌을 이해하고 음악으로 표현한다.

(창의적 사고 역량) 음악 프로그램을 활용하여 나만의 음악을 만든다.

【준비물】

온라인 수업 도구 : 크롬 뮤직 랩, 줌, 패들렛

학습자 준비물 : 컴퓨터나 스마트 기기

단계	수업 내용	교사 안내서
도입	· 동기 유발하기 · 학습 목표 제시 및 활동 안내하기	· 일상생활에서 내가 겪은 일 중 인상적인 일 떠올리기 · 느낌을 음악으로 표현하기 위한 학습 순서 안내하기
내용	· 음악 만드는 방법 알기 · 음악 만들기 · 음악 공유하기	· 송메이커 활용 방법 안내 및 느낌을 살리기 위한 음의 표현 방법 안내하기 · 음악을 만들 때 주의할 점과 패들렛에 공유하는 방법 안내하기 · 패들렛에 올린 음악 링크를 통해 친구들의 음악을 감상하고 패들렛에 감상평 적기
정리	· 정리	· 친구의 감상평을 보고 생각한 점, 느낀 점, 알게 된 점을 적기

(예체능영역)
홈트레이닝 체육

온라인으로 하는 체육 수업

대부분의 교과목이 교실과 책상 자기 자리라는 제한된 공간에서 이루어지는 반면, 체육 수업은 운동장이나 체육관에서 서로 부대끼며 이루어지는 것이 보편적이다. 코로나19 상황에서는 체육관과 같이 밀폐된 공간 사용이 어렵고, 거리두기를 기본으로 한다는 점에서 기존의 방식으로는 체육을 지도하기 힘들다.

온라인으로 진행되는 수업이기에 어려움도 있지만, 오프라인에서도 마스크를 쓴 채 호흡이 많은 운동을 하는 것이 바람직하지 않기 때문이다. 그러므로 체육 교과의 수업 목표에 도달할 수 있는 새로운 아이디어가 필요하다.

체육의 생활화 홈트레이닝

코로나19 이후 많은 스포츠 시설들이 거리두기에 협조하거나 규제 등으로 인해 문을 닫았다. 그러면서 생겨난 새로운 문화가 홈트레이닝(Home Training)이다. 운동을 하기 위해서는 기구가 갖춰진 공간이 있어야 한다는 인식에서 벗어나, 손바닥 크기의 화면을 보며 운동을 따라 하는 것이 아주 자연스럽게 되었다.

우리의 체육 수업도 '집'이라는 공간을 활용한 홈트레이닝을 바탕으로 진행해 보면 어떨까 한다. 이것은 스스로 운동하는 습관을 들인다는 측면에서도 좋은 교육법이라 할 수 있다.

🔍 홈트레이닝 활용한 체육 수업

교수자가 실시간 쌍방향 수업에서 단계별로 설명하거나 영상을 제작하여 게시하는 방법 모두 가능

① 교과서 단원 확인

② 단원에 적합한 영상 제공

③ 학습자의 발달 과정에 맞춘 운동법

④ 학습자 과정 수행

이 과정에서 중요한 것은 교육과정에 맞아야 하며, 학습자의 발달 과정에 맞춘 운동법이어야 한다는 것이다. 하지만 이렇게까지 맞춰진 영상을 찾기란 쉽지 않다. 운동을 하겠다고 3개월 일시불 결제를 했지만, 헬스장의 다양한 기계 사용법을 한 번 배우고는 헤매거나, 앞사람이 하는 대로 따라 하라는데 어떻게 해야 할지 잘 몰라서 결국 에어로빅을 그만둔 경험이 있다면 더욱 이해할 것이다. 그래서 요구되는 것이 교수자가 제공하는 영상에서 부족한 부분을 '체육'과 '교육'적으로

보완할 수 있는 전문성이다. 학습자가 한 번 보고도 집에서 스스로 할 수 있도록 수업을 구성하고 영상 등의 자료를 디자인하는 일이 바로 교수자의 몫이다. 잘 찾은 영상을 그대로 링크하는 것은 수업이라는 측면에서 교사의 전문성이 반영되지 않을 가능성이 높으며, 학습자의 입장에서도 과업을 수행하는 동기가 떨어지게 된다.

💡 홈트레이닝 활용한 체육 수업 영상 만들기

① 체육 수업 시작을 여는 간단한 체조(목 운동, 안구 운동 등)

② 교과서 단원을 확인한다.

③ 단원에 적합한 영상을 보여준다.

(예 : 농구의 경우 관련된 다양한 영상 중 인원, 슛 장면, 작전회의 장면 등이 있는 영상 / 저작권에 문제될 수 있으므로 링크 게시로 공유)

④ 학습자의 발달 과정에 맞춘 운동법을 교수자가 시범을 보인다.

(예 : 가정에서 하는 경우 수건을 뭉쳐서 방문의 가장 윗부분 맞추기 등을 직접 촬영함)

⇨ ①②④를 한 영상에 담는다. 이때 ②에 대한 설명을 마친 후, ③의 영상을 링크로 공유했음을 알리고, 시청한 후 ④를 이어서 보도록 지도한다.

💡 홈트레이닝 활용한 실시간 쌍방향 체육 수업

① 체육 수업 시작을 여는 간단한 체조

(목 운동, 안구 운동 등 상황에 따라 다른 운동을 할 수 있다.)

② 교과서 단원을 확인한다.

③ 단원에 적합한 영상을 보여준다.

(예 : ②와 ③의 내용을 엮어서 퀴즈 형태로 진행할 수도 있다.)

④ 학습자의 발달 과정에 맞춘 운동법을 교수자가 시범을 보인다.

(예 : 가정에서 하는 경우 수건을 뭉쳐서 방문의 가장 윗부분 맞추기 등)

⑤ 학습자가 홈트레이닝 시간 갖는다.

(학습자가 운동한 후의 느낌이나 몸의 변화 등에 대해 이야기 나눈다.)

이런 수업에서 참여와 활기는 교수자의 끊임없는 피드백에 달렸다. '너도 할 수 있어'와 같은 막연한 피드백이 아니라 무엇을 어떻게 하면 가능해지는지를 구체적으로 이야기해 주어야 한다. 이것이 교수자의 전문성이기도 하다.

이때 학습자의 참여를 촉진하고 싶다면, 체육 활동의 콘텐츠 제작 과정에 학습자를 참여시켜 보자. 학습자의 지원을 받아 교수자와 함께 촬영을 하거나, 학습자에게 몇 가지 동작을 제시하고 그것을 영상에 담아 보내도록 요청할 수도 있다. 이렇게 학습자의 참여는 학습에 대한 마음을 다지는 계기가 되기도 한다.

이러한 수업은 비나 눈 등 날씨로 인해 운동장에 나갈 수 없는 오프라인 수업에서도 요긴하게 활용할 수 있다. 또는 한 주 혹은 한 달간 홈트레이닝을 하거나 오프라인 교실에서 쉬는 시간마다 연습한 후 변화를 기록하여도 좋다. 이렇게 작성한 기록은 체육시간에 점검하고, 계획된 기간이 종료되면 제출하도록 한다. 온라인 학습 도구를 활용해도 좋다. 체육 수업의 과업을 SNS상에 공유하고 교수자-학습자, 학습자-학습자 간의 피드백을 하는 방법이다. 가령 네이버 밴드를 이용하여 활동을 공유할 수도 있고 학생들의 활동을 한눈에 확인하고 싶다면 패들렛에 공유 공간을 만들어 활용하면 된다.

　코로나19로 인하여 체육 수업의 양상은 달라졌지만 본질과 가치는 지켜져야 한다. 체육 수업을 할 수 없는 것이 아니라 기존의 방법을 사용할 수 없을 뿐이다. 그리고 새로운 방법의 과제는 현장에서 가르치는 교수자의 몫이다. 그 어느 때보다도 전문적 역량과 창의력이 필요한 시점이다.

온라인 수업 구성_홈트레이닝 체육 수업

【학습 목표】 원하는 방향으로 정확히 공을 던지고 받을 수 있다.
(자기관리 역량) 건강을 위한 신체 활동을 통해 자신의 건강 상태를 스스로 관리할 수 있다.
(지식정보 처리 역량) 주어진 정보를 이해하고 활용하여 올바른 신체 활동을 통해 자신의 신체적 능력을 신장시킬 수 있다.

【준비물】
온라인 수업 도구 : 줌, 영상 링크, 교수자가 제작한 영상
학습자 준비물 : 헝겊으로 만든 공(양말이나 수건을 고무줄로 묶어 만듦)

단계	수업 내용	교사 안내서
도입	· 학습 목표 제시 · 준비운동	· 양말, 공, 캐치볼 활동을 통해 정확히 공을 던지고 받을 수 있다. · 준비운동을 실시한다(손목과 어깨 스트레칭 위주로 진행).
내용	· 던지고 양손으로 받기 · 던지고 한 손으로 받기 · 둘이서 던지고 받기 · 오늘의 도전 과제 · 활동 시 주의 사항	· 혼자 던지고 양손으로 받기를 안내한다. · 한 손(오른손/왼손)으로 던지고 (오른손/왼손)으로 받기를 안내한다. · 둘이서 던지고 받기를 안내한다.(선택 과제) · 오늘의 도전 과제를 제시하고 과제 제출 방법을 안내한다. · 활동 시 주의 사항을 안내한다.
정리	· 기록을 촬영하여 게시	· 과제 수행 결과를 영상 촬영하여 업로드하고 활동 후 소감을 작성한다.

학습지

건강 체력 프로젝트 : 건강한 나 만들기

1. 목표 정하기

한 달 동안 건강한 나를 만들기 위한 운동 계획을 세워봅시다. 1개월 후 변화된 나의 모습을 그려보고 목표를 세워보세요. 그리고 목표를 달성하기 위한 구체적인 노력을 생각해 봅시다.

1개월 후 나의 목표	
목표를 위한 나의 노력 (실천 계획)	

2. 나의 실천 내용

한 달간 실천한 내용을 기록하세요. 실제로 내가 실천한 운동과 시간을 함께 적어봅시다.

일	월	화	수	목	금	토

온라인 수업이 1년 이상 이어지면서 실시간 쌍방향 수업을 지향해야 한다는 이야기가 나오고 있다. 이러한 주장의 배경에는 학습력이 있으며, 이것은 수업 시간이라는 문제에서 출발한다. 우리는 학습과 배움의 기준을 '시간'으로 정하는 경향이 있다. 의자에 오래 앉아 있어야 한다는 말과 일맥상통한다고 볼 수 있다. 하지만 안타깝게도 그저 앉아 있기만 한다고 해서 학습력이 높아지는 것은 아니며, 코로나19 시대를 지나면서 이수 시간을 채우면 졸업을 하던 전통적인 관점에 대해서도 다시 생각해 보아야 한다는 이야기가 대두되고 있다. 그렇다면 무엇이 중요할까?

가장 중요한 것은 콘텐츠이며, 그것을 어떻게 전달해야 학습자가 배움에 몰입하는지를 디자인하는 것이다. 앞 장에서 과목에 따른 온라인 수업도구를 활용하는 방법을 살펴봤다면, 여기에서는 학습자를 화면 앞으로 부르는 다양한 활동과 학습력을 높이기 위한 평가에 대해 살펴보고자 한다.

32 평가 전 결과물 제출을 위한 프로그램 교육

온라인을 활용한 시각화 과제

원격수업이 보편화되면서 학습자가 온라인 프로그램을 활용하여 과제를 제시하는 경우도 많아졌다. 하지만 온라인 프로그램에 익숙하지 않은 교수자와 학습자가 아직 많다 보니, 결과물들에서 2% 부족함이 보인다. 조금만 더 보완하면 완성도 높은 과제가 될 수 있는데 그러기 위해서는 더 많은 시간을 투자해야 하는 부담도 있다.

물론 디지털 미디어를 조금만 둘러보면 학습자가 사용할 수 있는 프로그램이 많음을 알 수 있다. 문제는 이러한 프로그램들이 온라인 수업의 바람을 타고 우후죽순 생겨났다는 것이며, 어떤 프로그램이 안전하고 편리한지에 대해 더 많은 고민을 해야 한다. 또한 교육 현장에서도 온라인 행정이나 행사 등에 활용하여 시간을 단축하기를 바란다.

학습자가 생각하는 그림을 찾아주는 오토드로

학생들의 생각을 시각적으로 표현하는 비주얼 싱킹(Visual Thinking)은 학교 현장에 많이 보급된 수업 방법이다. 하지만 비주얼 싱킹은 내용보다는 학생들의 그림 실력에 따라 평가 결과가 달라지는 경향이 있어서 공정한 평가에 대한 논란이 항상 따라다닌다. 이런 문제점을 해결해줄 프로그램으로 오토드로(AutoDraw)를 소개한다. 오토드로는 인터넷 웹과 스마트폰에서 모두 사용 가능하다.

AutoDraw(https://www.autodraw.com/)에 접속 ▶ 'Start Drawing' 클릭 ▶ 왼

쪽 메뉴 중 AutoDraw 도구 선택 ▶ 빈 페이지에 원하는 그림 그리기 ▶ 화면 상

단에 나타난 그림 가운데 원하는 그림 찾아서 클릭 ▶ 따라 그리거나 복사하여

사용

이미지를 부분적으로 사용하고 싶다면 리무브

학습자의 과제나 교사들이 업무상 사용하는 사진 중에 배경은 없애고 인물이나

사물만 따로 사용하고 싶은 경우가 있다. 물론 포토샵과 같은 프로그램을 이용하

여 깔끔하게 만들 수도 있지만, 시간과 정교한 작업을 필요로 한다. 이럴 때 간편

하게 사용할 수 있는 프로그램으로 리무브(remove)를 소개한다.

🔍 리무브 사용법

리무브(https://www.remove.bg/)에 접속 ▶ '이미지 업로드' 클릭 ▶ 내 컴퓨터
에서 배경 삭제할 이미지 선택 ▶ 다운로드(저해상도는 무제한 다운로드, 고해상
도는 유료 회원에 한해 무제한 다운로드 / 온라인에서 저해상도 활용 가능)
Removed Background를 선택하여 원본과 수정본을 비교해 볼 수 있음

썸네일 제작을 위한 미리캔버스

과거에는 파워포인트나 포스터를 멋지게 만들기 위해서는 많은 시간을 들여서 페이지를 제작해야 했고, 그 기술을 익히는 것에도 많은 노력이 필요했다. 이런 수고를 덜어주기 위해 다양한 웹사이트가 등장했고, 그중에서도 보편적으로 가장 많이 쓰이는 사이트가 바로 '미리캔버스'다.

🔍 미리캔버스 사용법

미리캔버스(https://www.miricanvas.com/)에 접속 ▶ 하단의 '바로 시작하기' 클릭 ▶ 만들고 싶은 템플릿 선택(프레젠테이션, 웹 포스터, 유튜브 섬네일 프로그램을 위한 템플릿 선택이 많음)

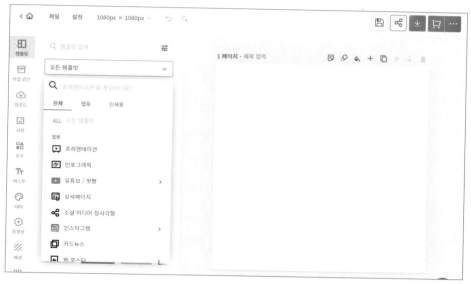

▶ 왼쪽의 메뉴를 선택하여 사진, 그림, 배경 등을 수정할 수 있음.

▶ 템플릿 수정이 끝나면 오른쪽 '다운로드'를 클릭하여 다운로드한다.

템플릿 수정이 끝나면 화면 상단 오른쪽의 '다운로드'를 클릭한 후 자신이 받고 싶은 파일 형태를 골라서 다운로드한다. 다운로드 시에는 로그인이 필요하다.

동영상을 담은 카드뉴스를 만드는 타일

읽는 것보다 보는 것에 익숙한 요즘 학생들에게는 카드뉴스로 내용을 전달하는 게 더욱 효과적이다 보니 카드뉴스 만들기도 많이 보편화된 과제이다. 이를 만들 수 있는 프로그램과 앱도 다양하다.

타일(tyle)은 그것보다 한 단계 더 진화하여 학생이 만든 카드뉴스를 영상으로 자동 제작하고, 문장을 내레이션으로 읽어주어 학생들에게 내용을 더욱 쉽게 전달한다. 사용법은 다음과 같다.

📍 타일 사용법

타일(https://www.tyle.io/)에 접속 ▶ 하단의 '제작하기' 클릭

▶ 템플릿 카드뉴스 제목과 내용 수정 ▶ 아래 ➕ 버튼 클릭 후 작성 ▶ 상단의
'미리보기' 클릭

▶ 영상으로 바꾸기 위한 기능(속도, 음악 등)과 내레이션을 읽어줄 성우 선택 ▶
'완료' 클릭 ▶ 다운로드는 일정 회수만 무료, 이후 유료

작성한 후 상단의 '미리보기'를 클릭하면 나타나는 화면이다. 화면 아래에서 영상으로 만들 때 사용하는 기능(속도, 음악 등)과 내레이션을 읽어줄 성우를 고를 수 있다. 끝난 후에 '완료'를 클릭하고 다운로드하면 된다. 다운로드는 일정 부분까지는 무료이고, 횟수가 늘어나면 유료로 다운로드할 수 있다.

수업 결과물 _ 미리캔버스와 타일을 사용

미리캔버스로 제작한 학생 결과물

타일로 제작한 학생 결과물

수업 속 형성 평가

온라인으로 학습자 이해도 점검하기

온라인 수업에서 어려운 것 중 하나가 학습자가 수업에 대해 얼마나 이해했는가 하는 이해의 척도일 것이다. 교수자가 학습 내용을 전달하는 것만으로 학습이 이루어졌다고 볼 수 없기에, 교수자는 늘 '알아듣기는 했을까' 스스로에게 묻곤 한다. 이러한 측면에서 수업 중에 배운 내용을 점검하는 마무리 활동을 어떻게 디자인할 것인가에 대해 고민한다.

대면수업에서는 흔히 질문과 답을 통해 점검하고 정리했지만, 온라인 수업의 경우 실시간 쌍방향 수업, 콘텐츠 중심 수업, 과제 중심 수업에 따라 달라질 수 있다. 또한 특정인을 지목하여 내용을 확인하는 점검 방법으로 모두의 이해도를 측정할 수 없으며, 그렇다고 한 반 30여 명의 학습자를 모두 확인하기에도 시간이 많이 걸린다. 온라인 시대를 맞아 새로운 미래형 학습을 고민하는 시점에 효율적인 평가 방법에 대해서도 고민할 필요가 있다.

소크라티브로 온라인에서 형성평가하기

앞서 온라인에서도 다양한 방법으로 학습자의 결과물을 작성하거나 스크랩 하는 방법에 대해 알아봤다. 이러한 결과물들이 결국 점검 방식의 하나이기도 하다. 빈번하게 이루어지는 작은 평가가 학습자에게 동기를 부여하는 데 효과가 높고 수업 방식과 과목에 따라 다양한 점검 방식이 필요하다는 점에서 소크라티브를 소개한다.

소크라티브는 퀴즈, 설문 조사, 출구 티켓 등을 제공하여, 학습자의 학습에 대해 즉각적인 점검을 할 수 있는 프로그램이다. 한 반의 인원이 50명 이하까지 사용할 수 있으며, 한 반이 하나의 공간에서, 한 번에 1개의 활동을 할 수 있도록 무료로 제공한다. 물론 유료로 더 나은 환경을 제공하고 있다.

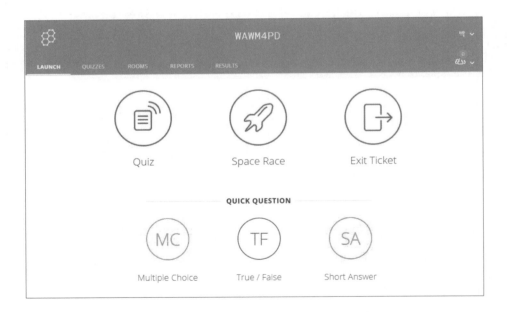

🔍 소크라티브 사용법

① 교수자 사용법 : 소크라티브(https://www.socrative.com)에 접속 ▶ 회원가입 ▶ 상단 'Quizzes' 클릭 후 형성평가 만들기 ▶ 객관식, T/F, 주관식 등 3가지 유형 중 과목과 내용을 고려해 문제 생성 ▶ 'Launch' 클릭 ▶ 'Quiz' 클릭 ▶ 만들어놓은 퀴즈 클릭 후 방 개설 Next 2번까지 입력 후 Start ▶ 실시간 현황판에 이름 공개 여부, 문제와 보기를 무작위로 섞기, 문제별 피드백 제공, 최종 점수 공개 등 설정 가능

② 학습자 사용법 : 학생들은 'socrative.com' 사이트에서 'student login' 하기/학생용 앱 Student Socrative(학생용 앱) 다운로드 권장 ▶ 교사가 개설한 'Room Name'과 자신의 이름을 쓰고 접속 ▶ Room Name은 학교 이름과 같이 학생들이 쉽게 기억할 수 있는 것으로 세팅 ▶ 접속 완료 후 형성평가 실시

소크라티브는 교수자가 문제를 만들고 방을 개설하여 실행하면, 학습자가 접속하여 문제를 풀 수 있는 구조다. 1번 문제에 대한 정답을 입력해야 2번 문제를 풀

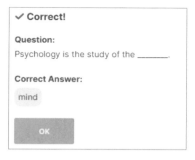

교사용 실시간 현황판

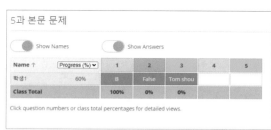

학생용 피드백

수 있다. 이는 교수자가 실시간으로 학생의 접속 상황을 점검할 수 있고, 학습자가 작성한 답을 확인할 수도 있다. 또한 어떤 문항을 어떻게 틀렸는지에 대한 결과도 바로 확인 가능한 도구로, 학습자에게 피드백을 제공할 때도 유용하다. 또한 결과를 리포츠(Reports)에서 엑셀로 다운로드할 수 있다.

소크라티브는 퀴즈 형식 외에도, 팀별 경쟁이 가능한 스페이스 레이스(Space Race), 수업 마무리로 자신이 배운 점과 교사의 최종 질문에 대한 답을 써야 통과하는 출구 티켓(Exit Ticket) 기능도 있다.

영어 수업으로 소크라티브를 이용한 사례를 소개하고자 한다. 아래와 같이 '이번 단원에서 핵심적으로 배우는 시제는?'이라는 질문을 하고, 학습자가 제대로 이해했는지를 점검하기 위해 현재완료, 과거완료, 미래완료 등의 헷갈릴 수 있는 시제를 보기로 제시했다.

본문 형성평가는 객관식, T/F, 영작 등을 이용해 본문 내용 이해, 핵심 문법이 들어간 문장 이해 등을 점검할 수 있다. 수업에서 다룬 교과서의 내용은 심리학에 대한 것이었는데, 각 챕터별 주제나 핵심 문장을 객관식과 T/F를 이용해 형성평

문법 형성평가 문제 예시

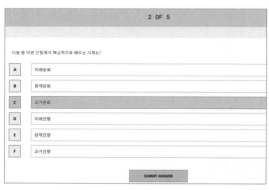

본문 형성평가 문제 예시

실제 수업 실시간 현황판

팀별 퀴즈 방식

가 문제로 구성했다. 주관식 단답형으로는 단원별 핵심 문법이 들어간 본문 문장을 영작하는 문제를 만들었다. 이를 통해 학생들이 본문의 내용을 잘 이해했는지, 핵심 문법을 본문과 잘 연계할 수 있는지 등을 확인했다.

학생들이 접속했던 결과는 위와 같이 실제 현황판으로 확인했고, 빨간색으로 틀린 부분을 유의하며 전체 혹은 개별 피드백을 줬다. 그리고 수업 후 결과물을 엑셀로 다운로드해 참고자료로 사용했다. 시간 여유가 된다면 '스페이스 레이스' 게임을 통해 문제를 한 번 더 풀면서 보상을 했다.

'출구 티켓' 기능은 실시간 줌 수업 마지막에 활용하면 좋다.

1. 오늘 수업에 대해 얼마나 잘 이해했나요?

2. 오늘 수업에서 무엇을 배웠나요?

3. 선생님의 질문에 대답하세요.

마지막 질문은 정답이 정해진 내용이 아니더라도 "오늘 과제가 무엇인가요?", "다음 차시는 어떤 것을 배울 예정인가요?"와 같이 수업의 흐름을 묻는 질문도 좋다. 이 3가지 질문에 대한 답을 확인하고 학생들을 순서대로 퇴장시키며 자동적으로 출결 확인이 가능하기 때문에 일석이조다. 실제로 빨리 퇴장하기 위해 열심히 하는 학습자도 있다.

【학습 목표】목표 문법에 대한 이해도를 스스로 점검한다.

(자기관리 역량) 자기주도적으로 목표 언어를 사용하고 점검하며 학습에 대한 자율성과 책임감을 기른다.

【준비물】

온라인 수업 도구 : 줌, 소크라티브

학습자 준비물 : 학습지, 필기도구

단계	수업 내용	교사 안내서
도입	· 줌으로 학생 출결 확인 · 문법 학습 목표 제시	· 학습 목표와 수업의 흐름을 사전에 제시한다.
내용	· 목표 문법에 대한 내용 강의 · 소크라티브 'Quiz' 실행 후 개별 형성평가 실시 · 실시간 현황판을 보며 학생들이 많이 틀린 문제에 대한 전체 피드백 제시 · 'Space Race'를 실행해 배운 내용을 활용한 퀴즈 실시	· 줌을 이용해 실시간으로 목표 문법을 가르치거나 영상 제작 후 콘텐츠를 제시한다. · 학생들이 개별 기기로 접속하도록 안내한다. · 실시간 현황판을 통해 학생들의 접속 여부, 속도 등을 점검한다. · 'Space Race'를 통해 팀별 경쟁을 유도하고 보상을 한다.
정리	· 'Exit Ticket'을 실행	· 학생들이 학습한 내용, 성취 기준 도달 여부 등을 체크한다.

영어 문법 수업 : 과거완료 형성평가

퀴즈 1. 오늘 배우는 핵심 문법은 무엇인가?

A. 미래완료   D. 미래진행
B. 현재완료   E. 현재진행
C. 과거완료   F. 과거진행

퀴즈 2. 다음 중 이번 단원에서 핵심적으로 배우는 시제의 형태는?

A. be + -ing
B. will be + -ing
C. have + p.p
D. had + p.p

퀴즈 3. 다음 중 이번 단원에서 핵심적으로 배우는 시제의 용법이 아닌 것은?

A. 미래   D. 결과
B. 완료   E. 계속
C. 경험

퀴즈 4. 다음 중 이번 단원에서 핵심적으로 배우는 시제의 힌트가 될 수 없는 것은?

A. already (이미)   D. for two years (2년 동안)
B. never (전혀 .. 않다)   E. tomorrow (내일)
C. before (전에)

실시간 구술평가 방법

온라인 구술평가 방법에 대한 고민

시간이 지남에 따라 온라인 수업이 자리를 잡고, 영상 만들기에 급급했던 콘텐츠 중심에서 학습자와 소통을 하는 실시간 쌍방향 중심으로 이동하면서 수업을 고민하느라 놓치고 있었던 평가에 대한 도전이 시작되었다.

자유학년을 제외한 중학교 2학년부터 고등학교 3학년까지는 사실 평가에서 자유로울 수가 없다. 교육부에서도 실시간 평가는 생활기록부에 반영 가능하다는 지침을 내리기도 했다. 이로 인해 입시 및 성적 산출에 대해 어떤 디지털 도구를 활용하여 어떻게 평가할 것인가에 대해 고민해야 했다.

실시간 구술평가 하기

사실 평가와 피드백은 학습자의 학습력을 향상하는 데 반드시 필요하며, 이에 대한 교수자의 구체적인 관심과 애정은 학습자의 발전에 큰 영향력을 미친다. 하지만 실시간 쌍방향 수업 도구를 활용하여 실시간 평가를 하기는 쉽지 않다. 오프라인 현장, 즉 학교에서 많이 활용되던 서술평가나 프로젝트 보고서 등의 평가 방식은 학습자의 미디어 기술의 차이나 공정성이나 정직성 등 여러 가지 문제로 인해 온라인에서 그대로 진행하기에는 어려움이 있다. 이럴 때 실시간 구술평가를 진행해 보자.

💡 실시간 구술평가 방법

실시간 구술평가는 학습자에게 특정 주제와 관련하여 두서없이 발표하도록 하는 방식이 아니다.

① 소회의실을 활용하여 수업 공간과 평가 공간 분리하기 ▶ 많은 사람 앞에서 평가를 받으면 학습자가 심리적으로 부담을 느끼게 되며, 공개적으로 평가를 하면 학습자의 수만큼 문제를 생성해야 한다는 어려움이 있다.

② 동일한 성취 기준을 바탕으로 수준에 맞는 평가 문항 준비하기 ▶ 학습자가 공평하게 평가받았다고 생각할 수 있도록 문제를 생성한다.

예 : 온대기후의 특징을 바탕으로 주민생활을 이야기해 주세요.

열대기후의 특징을 바탕으로 주민생활을 이야기해 주세요.

③ 평가 방식에 대해 사전에 구체적으로 설명하기 ▶ 평가 방식에 대해서는 기존의 오프라인 교실과 같이 사전에 고지되어야 한다. 이것은 공정성의 문제를 담보할 수 있을 뿐만 아니라 학습자가 구체적으로 무엇을 어떻게 평가받게 되는지에 대한 정보를 제공한다.

교실탈출 게임을 활용한 구술평가 사례

자유학년제인 경우 점수 및 등급을 산출할 필요가 없으므로 좀 더 자유로운 평가가 가능하다. 그러므로 학습자의 성장을 지원하기 위한 성장 중심 평가를 시도해 볼 수 있다. 이러한 평가로 교실탈출 게임을 소개한다.

교실탈출 게임은 교수자의 질문이나 퀴즈에 대한 학습자의 발표나 구술의 형태로 평가하여 탈출하는 방식이다. 이러한 교실탈출은 온라인 수업에서 더욱 재미있게 실시할 수 있다.

💡 교실탈출 평가 방법

① 교수자는 오늘의 학습과 관련하여 많은 수의 질문을 준비한다.

② 학습자에게 탈출 게임 평가 방법에 대해 설명한다.

③ 평가에 사용될 전체 문제를 오픈한다.

④ 학습이 된 학습자는 평가를 요청한다.

⑤ 실시간 쌍방향 회의실에서(소회의실 아님) 순서대로 질문에 답한다.

⑥ 탈출에 자신 없는 학습자는 다른 학습자의 발표를 경청한다.

⑦ 학습이 이루어지면 탈출에 도전한다.

구분	분야	문제
1	스포츠	동계 올림픽에서 상위권을 차지한 국가들은 주로 어떤 위도에 있는 국가들일까? 이유는 무엇일까?
2	문명	세계의 문명이 남북 방향이 아니라 동서 방향으로 더 많이 전파된 이유는 무엇일까?
3	문명	우리나라 고조선의 청동기 문명은 왜 가까운 중국이 아니라 흑해 지역 스키타이족의 영향을 받았을까?
4	요리	우리나라의 지역마다 김치 맛이 다른 이유는 무엇일까? 특히 북부지방과 남부지방 김치 맛이 다른 이유는 무엇일까?
5	건축	우리나라 전통가옥 중 북쪽 집은 폐쇄적인 구조를, 남쪽 집은 개방적인 구조를 이루는 이유는 무엇일까?
6	건축	제주도 집들은 난방을 거의 신경 쓰지 않은 구조로 이뤄져 있다는데, 어떤 구조이고, 이유는 무엇일까?
7	기후	나라마다 문화(인간의 생활양식)가 다른 이유가 무엇인지, 위도, 기후, 문화의 연관성을 논리적으로 설명해보자.
8	여행	우리나라의 12월에 오스트레일리아로 여행을 가면 반바지 입은 산타를 볼 수 있다. 진실 혹은 거짓? 이유는?
9	여행	우리나라의 12월에 뉴질랜드 여행을 갈 경우 어떤 복장을 준비해야 할까? 이유는 무엇일까?
10	영화	영화 〈인터스텔라〉의 장면은 주로 어느 지역에서 촬영되었을까? 그 지역을 영화감독들이 좋아하는 이유를 위도와 함께 설명하면?
11	부동산	우리나라가 있는 북반구에서는 남향집이 다른 방향의 집보다 비싸다. 이유는 무엇일까?
12	인종	백인, 흑인, 황인종이 생긴 근본적인 이유는 무엇일까요?

교실탈출 게임에 사용된 질문 사례

온라인 수업 구성_수업에 따른 평가 사례

【학습 목표】 사회집단의 의미를 알고, 기준에 따라 분류할 수 있다.

(지식정보 처리 역량) 사회집단의 의미를 설명할 수 있다.

(창의적 사고 역량) 기준에 부합하는 사회집단을 제시할 수 있다.

(의사소통 역량) 사회집단에 대해서 구술평가를 통해 전달할 수 있다.

【준비물】

온라인 수업 도구 : 유튜브

학습자 준비물 : 필기도구

단계	수업 내용	교사 안내서
도입	· 학습 목표 확인 · 평가 내용 및 채점 기준 안내	· 학습 목표를 바탕으로 구두평가가 이뤄질 수 있도록 학습자가 수행할 평가 과제 및 채점 기준을 안내한다.
내용	· 사회집단에 대해 분석할 수 있는 4종류의 영상을 함께 시청 · 소회의실 기능을 활용하여 4종류의 영상에 대해 모둠이 분석하고 평가를 준비 · 평가 준비가 된 모둠은 교사를 초대하여 구두평가를 실시	· 교수자는 평가의 신뢰성과 공정성을 위해, 다양한 사회집단의 영상을 비슷한 수준으로 준비한다. · 모둠원 4명이 4개의 영상 중 한 개를 고르고, 각자 다른 영상을 시청하고 분석한다. · 공동의 목표 달성을 위해 모둠이 협력을 통해서 상호 평가를 준비한다. · 평가 진행 시 각기 다른 영상을 임의로 선정하여 평가를 진행하고, 평가가 시작되면 경청평가가 있으므로 다른 평가자의 발표 내용도 잘 들을 수 있게 안내한다.
정리	평가가 끝난 모둠 및 사람은 다른 사람이 발표한 내용에 대해 평가지를 작성하여 제출	· 경청평가는 다른 사람들이 발표하는 내용을 잘 듣고 그 내용을 평가지에 작성하여 제출한다.

과목	중학교 사회1	단원	VII. 개인과 사회생활 3. 사회집단과 차별
평가 요소	사회집단의 의미, 사회집단 성립 조건		
성취 기준	사회집단의 의미를 설명할 수 있다.		
출제 의도	사회집단의 성립 조건을 통해 사회집단을 구분할 수 있는 능력을 평가한다.		

[선택 평가 문제]
1. 시청한 영상 속에서 사회집단의 사례를 제시하고, 그 이유를 사회집단 성립 조건(기준)을 바탕으로 설명하시오.
2. 시청한 영상 속에서 사회집단이 될 수 없는 사례를 제시하고, 그 이유를 사회집단의 성립 조건(기준)을 바탕으로 설명하시오.

[경청평가 문제]
더불어 평가 이후에는 다른 사람의 발표에서 사회집단의 사례 및 아닌 사례를 파악해서 평가가 모두 끝나면 바로 구글 설문지로 바로 제출해야 함을 안내합니다.

평가를 위한 기준

기본 답안

1. 사회집단의 사례는 항공사 직원들로, 둘 이상이고 소속감을 가지고 있으며 지속적인 상호작용을 하고 있기 때문이다.

2. 사회집단에 해당하지 않는 사례는 비행기 승객들/야구장 관중들로, 소속감이 없고 지속적인 상호작용을 하지 않기 때문이다.

채점 기준 (10점)

문항	채점 기준	배점
사회집단 사례 및 성립 조건 (5점)	사회집단의 사례와 성립 이유를 정확히 제시한 경우	5점
	사회집단의 성립 이유만 바르게 제시한 경우	3점
	사회집단에 해당/해당되지 않는 사례만 제시한 경우	2점

문항	채점 기준	배점
발표력 (2점)	발표 내용을 분명하게 전달한 경우	2점
	발표 내용 전달이 불명확한 경우	1점

문항	채점 기준	배점
경청 (3점)	다른 사람의 발표에서 사회집단의 사례 및 아닌 사례를 3가지 이상 파악하여 제시한 경우	3점
	다른 사람의 발표에서 사회집단의 사례 및 아닌 사례를 2가지 이상 파악하여 제시한 경우	2점
	다른 사람의 발표에서 사회집단의 사례 및 아닌 사례를 1가지 이하로 파악하여 제시한 경우	1점

언택트 수업을 돌아본 교사들의 토크토크

코로나19가 세상의 많은 것을 바꾸어놓았다. 그중 가장 큰 변화 한 가지를 꼽으라면 교육 환경이 아닐까 싶다. 학교라는 공간에서 이루어져야만 한다고 생각했던 교육이, 잇단 등교 연기와 사회적 거리두기에 따라 새로운 환경을 모색해야 했다. 이러한 상황에서 교육부가 선택한 것은 온라인 수업이었으며, 다양한 디지털 플랫폼과 교육용 솔루션들을 지원하는 것으로 온라인 교육이 시작되었다.

사실 이전에도 온라인 교육이 없었던 것은 아니다. 사이버대학이 있었고, 인터넷 강의가 있었으며, 다양한 플랫폼에서 언택트 교육이 이루어지고 있었다. 하지만 기본 교육인 초중고등학교가 네 번의 연기 끝에 사상 첫 온라인 개학을 맞았고, 2차 대유행이 잇따르면서 문을 닫는 학교도 속출했으며, 수능 연기까지 이어지는 사상 초유의 사태가 벌어졌다.

교육부는 개학 연기 기간에 학생들의 학습을 지원하고 생활을 지도하기 위해, 디지털 교과서 'e-학습터'와 EBS 동영상 등 학생이 가정에서 자율적으로 학습할 수 있는 온라인 콘텐츠를 무료로 제공했다. 교사를 위한 '교수-학습' 온라인 플랫폼으로는 디지털 교과서, e-학습터, 위두랑, EBS, 클래스팅, 구글 클래스룸, MS

팀즈 등이 지원되었고, '실시간 라이브 수업 도구'로 구글 행아웃, 줌, 유튜브 라이브 스트리밍, 네이버 밴드 라이브 방송 등을 활용하여 학습하고 피드백을 제공하도록 지원했다.

그러나 컴퓨터가 없는 가정도 있고, 한 대의 컴퓨터로 두 아이가 학습해야 하거나, 맞벌이나 조손가정 또는 장애학생 등의 경우 학습 격차로 불이익을 받을 수밖에 없는 문제가 발생했다.

이렇게 시작한 2020년 교육이 우여곡절 끝에 1년여의 시간이 지났다. 2021년에도 여전히 온라인 학습이 대면 수업과 함께 이루어졌으며 앞으로도 이러한 일이 또 발생할 수 있다는 점에서, 지난 시간을 돌아보고 더 나은 수업이 될 수 있도록 제안하고자 한다.

토크토크에서 더 풍부한 사례를 나눠주신, 정찬영 선생님과 최경철 선생님께 감사드린다.

Q 온라인 수업을 하셨는데요, 어떤 도구로 어떻게 수업하셨는지 궁금합니다.

정찬영 1학기 초에는 3~6학년을 대상으로 줌과 패들렛을 이용하여 쌍방향 실시간 수업을 실시했습니다. 그 외에도 클래스 스크린으로 화면을 공유하거나, 구글 설문지를 사용했으며, 영상을 제작하여 과제형 수업도 진행했습니다. 초등학교의 경우 학교에서 학습꾸러미를 출력해서 학생들에게 보내서 수업하기도 했습니다.

양성혁 저희 학교는 1학기부터 구글 클래스룸을 기본 플랫폼으로 정하고, 줌으로 쌍방향 실시간 수업을 실시했습니다. 2학기에는 다양한 앱을 사용해봤는데, 줌, 패들렛, 클래스룸을 사용하는 경우가 가장 많았어요. 개별적으로는 멸치 등 다양한 앱을 하나씩 사용하고 있습니다.

최경철 1학기에는 온라인 클래스에 콘텐츠를 올리고, 하루 2시간씩 쌍방향 실시간 수업을 병행하여 실시했다는 것이 아마 다른 학교와 차별된 점일 거예요. 이전의 교육과정이 교사의 입장에서 하루 몇 시간, 몇 반에서, 어떤 수업을 진행할 것인가를 생각했다면, 온라인 수업에서는 수업을 재구성하는 과정에서 학생의 입장을 고민했습니다. 그래서 주 3시간 들어야 하는 과학이라면, 누가 가르치는 수업이든, 몇 반의 수업이든 상관없이 2시간은 온라인 클래스로 수업을 듣고, 나머지 1시간은 쌍방향 실시간으로 참여하도록 했습니다. 이렇게 진행하니 교사는 온라인 콘텐츠를 위해 수업 설계를 할 수 있는 시간을 확보하게 되었고, 학부모님들의 사회적 욕구도 충족할 수 있었죠. 두 마리 토끼를 잡은 거죠. 하지만 2학기에는 학부모들의 실시간 수업에 대한 요구가 많아서, 전 차시를 쌍방향 실시간 수업으로 바꿨습니다. 그런데 45분의 실시간 수업이 미래 지향적인 수업이라고 보지는 않아요. 장소가 교실에서 집으로 옮겨졌을 뿐이지, 온라인 속에 45분을 가두는 것으로 보이기도 했거든요. 그래서 아이들의 상상력이 온라인 속에 갇히지 않도록 해야겠다는 고민이 생겼습니다. 이 고민은 수업 노하우에서 풀어보겠습니다. 현재 저희 학교는 구글 클래스룸을 기본 플랫폼으로 사용하고 실시간 수업 도구는 교사에 따라 다양하게 사용하고 있습니다.

최기영 현재 제가 있는 학교는 특수한 상황이라 기본적인 방향은 실시간 수업으로 잡았어요. 다행히 선생님들 대부분 그게 필요하다고 생각했죠. 기본은 구글 클래스룸으로 정하고, 그 안에서 안내 사항이나 정보 공유 등을 했습니다. 실시간 수업은 선생님에 따라 구글 미트나 줌과 같은 플랫폼으로 진행했습니다. 이렇게 계획한 수업 방식은 거의 1년을 유지했어요. 그렇다고 최경철 선생님 학교의 사례처럼 실시간 수업이 가장 좋은 방법이라고 생각하지는 않아요. 정규적인 수업에서 이수냐 미이수냐의 기준은 시간이에요. 교육의 본질로 봤을 때도 고민해야 할 지점이라고 생각했어요. 다분히 산업화시대의 모델인 테일러주의와 매우 유사합니다. 학생들을 정규화된 시간 안에 교육과정이라는 컨베이어벨트에 묶어서 올려놓으면 완성품이 나온다고 생각하는 거죠. 그럼 선생님도 학생들도 학부모도 공부했다고 생각해요. 그러다 보니 실제로 학생의 행동이 변화된 것인지를

별로 중요하게 다루지 않는 느낌이에요. 실시간 수업의 요구는 수업에 대한 사회적 인식에서 비롯된 것인데, 지난 1년의 경험을 기점으로 이젠 새로운 패러다임이 안착되면 좋겠다고 생각합니다.

박찬정 줌, 구글, 패들렛, 영상 등의 수업을 병행하여 실시했습니다. 전체 수업의 반은 실시간으로 실시하고, 나머지 반은 일방향으로 실시하는 형태로 진행했습니다. 가령 사회가 2시간일 경우, 1시간은 실시간으로 수업하고, 나머지 1시간은 일방향으로 진행했습니다. 이러한 운영은 선생님에게는 융통성을, 학생들에게는 숨통을 틔워주는 것 같았습니다. 우선 학교 내에서 아이캔노트나 아이캔스크린, OBS, 미리캔버스, 뱁션, 클로바더빙, 피처메이드, 라이브워크시트, 파워포인트 녹화, 익스플레인 에브리씽, 굿노트 등 모든 영상 제작 도구에 대해 연수를 실시했습니다. 그래서 본인에게 잘 맞고 편한 도구를 사용할 수 있도록 했습니다. 수학 선생님의 경우 태블릿에 판서를 하며 수업하는 방법을 선택하셨고, 사회의 경우 미리캔버스에 바탕을 깔고 뱁션으로 편집하는 방법을 선택하셨습니다. 2학기가 된 요즘은 e-학습터와 구글을 기본 플랫폼으로 사용하고 있어요. 그리고 라이브워크시트나 티처메이드를 문제 풀기나 확인하는 용도로 사용하고 있습니다. 통일된 방식보다 교과에 맞는 방식을 사용하고 있고, 하루 7시간을 모두 실시간으로 하는 것은 문제가 있다고 여겨서 실시간과 일방향을 반씩 나누어 운영하고 있습니다.

양성혁 사실 교사도 준비가 안 된 채 원격수업을 시작했습니다. 그래서 교육부도 초기에는 온라인 개학을 앞두고 스마트 기기 보유 현황과 대여 여부를 조사하는 정도의 지원이 전부였죠. 이는 우리 학생들도 그만큼 준비가 안 되어 있었다는 반증이기도 합니다. 저소득층이나 자녀가 둘 이상인 집에서는 온라인 수업을 제대로 받는다는 것이 쉽지 않은 일이거든요. 그래서 어찌 보면 앞서 최경철 선생님 말씀처럼 학생의 입장에서 충분히 고민해 보아야 한다는 것에 동의합니다. 교사마다 다른 도구, 즉 다양한 디지털 도구가 사용되면, 아이들도 그 많은 도구를 사용해야 한다는 것인데, 그런 점에서 어려움이 있지 않을까요?

박찬정 기본은 e-학습터입니다. 그래서 큰 어려움은 없습니다. 그리고 학기 초부터 한꺼번에 다양한 프로그램을 모두 적용한 것이 아니라, 과목이나 선생님마다 조금씩 변화를 주었고, 처음에는 귀찮고 헷갈릴 수 있는 구조이기는 하지만 현재는 적응이 되어 잘 이용하고 있습니다.

최기영 학생들이 적응하면 큰 문제가 없다는 시각에서는 동의합니다. 하지만 그 기반을 잡는 건 쉬운 문제가 아니라고 생각해요. 저 같은 경우 학생들이 거의 대부분 한국어를 못하다 보니 모든 프로그램을 안내하기가 어려웠어요. 저도 여러 가지 학습도구를 사용하여 수업에 적용할 전략을 가지고 있었지만, 실제 수업에 적용할 수 있느냐는 전혀 다른 문제였습니다. 물론 제가 맡은 학생들이 언어 격차 때문에 설명을 이해 못 해서 따라오지 못하는 것도 있었지만, 수준 차나 기기를 다뤄본 경험 같은 것도 무시할 수 없었어요. 그래서 기본은 교과서와 모니터였죠. 이런 문제 때문에 정보 담당자로서 무조건 크롬 기반 클래스룸과 줌을 사용했던 이유이기도 합니다. 가장 범용적으로 사용할 수 있는 플랫폼이라고 생각했거든요. 제가 우리 학교 모든 아이들의 기기 세팅을 다 해주고 기기가 없으면 대여도 해주고 집에 인터넷이 없으면 와이파이 에그도 대여해줬어요. 이건 제가 있는 학교가 특수한 상황이니까 가능한 것이지 일반 학교에서는 불가능에 가깝다고 생각해요. 그리고 직접 하면서 느낀 점인데 생각보다 기기를 잘 다룰 수 있는 가정이 많지 않아요. 그리고 그건 선생님들도 마찬가지라고 생각해요. OS, 기기 종류, 버전 등의 변수가 있었죠.

박점희 사실 이전부터 디지털 교과서를 비롯해서 온라인 수업과 연계할 수 있는 미래형 수업들이 개발되고 있었잖아요. 물론 지금은 대부분 사라졌지만요. 그래서 생각해 보면 교육에서 중요한 것이 미디어 기기가 아니라, 학생들이 수업에 제대로 참여하고, 몰입을 높이고, 학습력을 높이기 위해, 어떻게 가르치고 지도할 것인가 하는 문제인 것 같아요. 이와 관련하여 한국교육학술정보원이 2020년 9월에 교사와 학생을 대상으로 '수업 유형별 학생들의 학습에 도움이 된 정도'를 조사한 결과에 따르면, 콘텐츠 활용중심 수업(64.1%), 과제 수행 중심 수업(60.1%)에 비해 실시간 쌍방향 수업(53.9%)이 학습에 덜 도움이 되는 것으로 생각하고 있다는 응답이 나왔죠. 물론 그 당시에는 실시간 쌍방향 수업이 자리 잡히지 않았을 때이기도 했지만, 어떤 것이 학생들의 학습력을 높이는 데 도움이 될지는 잘 생각해 봐야 할 문제 같아요. 그러면 이어서 수업에 참여하는, 즉 출석과 관련된 학생 관리에 대한 이야기로 넘어가 볼게요.

Q 학생 관리는 어떻게 하고 계신가요? 생활지도, 학습지도 등에 관해서 이야기해 주세요.

정찬영 초등생의 경우 등교를 일일이 확인해야 합니다. 1학기에는 아침 9시에 아침 조회를 실시간으로 했고, 2학기에는 줌 사용자가 많아서 렉이 걸리는 문제가 발생하여 10시 30분부터 실시간으로 진행했습니다. 제가 근무하는 학교는 도시가 아니다 보니, 한 학급에 14명의 아이들이 있습니다. 해당 시간에 등교가 늦으면 학생에게 1차 전화하고, 2차로 부모님께 전화합니다. 학생 수가 적어서 가능한 것일 수도 있습니다. 다른 학교 선생님의 이야기를 들어보면 초기에는 학생들에게 연락해서 한 교실(온라인)에 모으는 데만 1시간(40분 수업 1교시)을 모두 사용했다고 하더라고요. 저는 온라인 수업을 하게 된 초반에 '원격수업에서 지켜야 할 규칙' 등에 대해 학생들이 토론을 통해 정하도록 했고, 학급 클래스팅에 공지 사항으로 올려두고 지도했어요. 초등학교는 담임제라서 교사 한 명이 반 전체 학생을 지도합니다.

양성혁 저희는 1학기에 조회와 종례를 실시간으로 했습니다. 학생이 지각을 하면 3분 후 학생에게 문자로 통보하고, 5분 후 학생에게 전화를 걸었으며, 10분 안에 부모님께 연락해서 대부분 출석을 하도록 했습니다. 사실 저희 학교는 많은 고민 끝에 하루 7교시까지 있는 수업을 모두 실시간으로 진행했습니다. 그렇게 진행한 이유는 학부모의 입장에서 '아이들이 논다', '학교가 아이들을 관리하지 않는다'는 이야기가 나올 수 있을 것이라는 생각했기 때문입니다. 그래서 수업에서 생활지도를 하며, 학생들을 교사의 시야에 두자는 의견을 담아 모든 수업을 실시간으로 진행하게 된 것이죠.

임호성 생활지도 측면은 담임이 오전에 줌이나 단톡으로 출결 확인을 합니다. 실시간 수업의 경우 교사들 간에 학생 전화번호를 공유하여, 줌 수업에 참여하지 않은 학생이 들어올 수 있도록 하고 있어요. 지각을 하면 사유서를 제출하고, 과제와 같이 적절한 결과에 대해서는 벌칙을 부여하고 있습니다. 콘텐츠 수업의 경우 e-학습터에 출석을 체크하거나 과제 제출을 통해 출결을 확인하고 있습니다. 우리 학교의 경우 엑셀 전문 교사가 각 반의 출결 사항을 시트로 만들어서 담임선생님께 공유하고 확인하여 나이스에 올립니다. 콘텐츠의 경우 참여를 권장하기 위해 타이트하지 않게 운영하는 편입니다. 그래서 일주일 이내에 수업을 들으면 되도록 하고 있습니다.

박점희 저는 외부 강사이다 보니, 선생님들과는 조금 다른 입장인 것 같아요. 일단 초반에는 학교로 출근하여 콘텐츠를 제공하고 학생들의 질문이나 과제를 점검하는 형태가 대부분 비슷했어요. 하지만 출석을 확인하는 방법은 학교마다 조금씩 달랐어요. A학교의 경우 학생이 온라인 시스템에서 스스로 출석을 클릭하게 하고, 체크하지 않은 학생에게 교사가 직접 출석을 요청하는 연락을 했어요. B학교의 경우 학생이 올린 과제로 출석을 인정하는 시스템으로 운영하고 있었죠. 2가지의 장점과 단점이 있는 것 같아요. A학교의 경우 당일 출석률은 높았지만, 과제 제출 비율은 낮은 편이었어요. 반면 B학교의 경우 당일 출석률은 낮았지만, 과제를 위해 영상을 더 열심히 봤겠다는 생각은 들더라고요. 하지만 한편으로는 중학교의 경우 6~7교시가 이루어지는데, 매 시간마다 과제가 있으면 힘들겠다는 생각도 들었어요.

임호성 사실 저희가 아무리 잘 가르쳐도, 학생들이 100% 수용하고 이해한다는 것은 쉽지 않죠. 그래서 주에 3차시 수업이 들어 있다면, 2차시는 실시간으로 진도를 나가고, 1차시는 콘텐츠형으로 진행합니다. 여기에서 2차시는 복습도 함께 진행하기도 하죠. 과제가 너무 많은 것도 온라인 학습의 부담일 수 있을 것 같아요. 그러니 학생들이 학습할 수 있는 환경을 만드는 것도 온라인 학습에서 고민해야 할 문제라고 생각합니다.

박찬정 맞아요. 그래서 저는 다양성과 수업의 상황이 중요하다고 봅니다. 과제형인 경우 과제가 수업 시간 안에 충분히 이루어지도록 제시하는 것이 맞다고 생각합니다. 전 과목을 과제로 허덕이게 하는 것은 비효율적이라고 생각해요. 또한 수업을 통일한다는 것도 자칫 지루한 학습이 될 수 있다는 점에서 효율적이라고 볼 수 없을 것 같아요.

최경철 저희 학교가 운영하는 온라인 클래스는 영상을 봤는지에 대한 결과가 남습니다. 하지만 구글 시스템은 온라인 수업을 들었는지에 대해 확인할 수 없죠. 그래서 고육지책으로 과제를 주는 것으로 보입니다. 과제란 생각할 여유와 시간을 주고, 피드백을 진행한다는 전제하에 주어져야 합니다. 기존의 대면수업을 되돌아보면, 교사의 설명에 이어, 학생의 이해를 바탕으로 활동과 발표를 하고, 그것에 대해 또래 또는 교사의 피드백 후에 수업을 마쳤잖아요. 그런데 그 수업 안에서도 자신의 생각을 잘 나타내는 학생이 있는가 하면, 생각조차 못 하거나 제시간에 마치지 못하는 학생들이 많이 있었습니다. 온라인도 마찬가지로 생각해야 합니다. 학생들이 책상에 앉아 있다면 결석으로 처리하지 않아야 한다고 봅니다.

박점희 말씀 중에 학습력이 떨어지는 학생에 대한 이야기가 있었어요. 자연스럽게 학습지도로 이어지면 좋겠어요.

정찬영 실시간 수업 안에서 학생이 이해를 하지 못했다면 다시 설명하면 되니까 큰 문제는 없어요. 하지만 과제형으로 제시하는 경우, 모르는 게 있거나 학습 부진이 있는 학생들은 줌에서 개별적으로 만나서 지도하고 있습니다. 초반에는 한 명씩 체크하다가 현재는 안 되는 애들만 마지막까지 남겨서 진행하는 중이에요. 앞에서도 이야기했지만, 저희 학교가 학급당 학생 수가 적어서 가능한 일일 수도 있어요.

박점희 선생님 말씀처럼 도시의 학교와 같이, 아니 제가 사는 지역과 같이, 한 반의 학생 수도 많고, 그 가운데 부진한 학생들이 많다면 개별 지도에 어려움이 있을 것 같아요. 그런데 혹시 미디어 기기 때문에 어려운 점은 없으신가요? 학생들이 기기 사용 자체를 어려워하거나 하는 문제 말이죠.

Q 앞서 언급된 학습 도구, 즉 미디어 기기 활용을 비롯한 미디어 리터러시 능력으로 이야기를 이어가 보겠습니다.

양성혁 저는 학교가 분당에 있어요. 미디어 기기를 잘 못 다루는 학생은 한 반에서 한 명 있었습니다.

박찬정 저는 용인에 학교가 있어요. 못 따라오는 학생은 학교로 불러서 오프라인으로 해결하는 방법밖에 없어요. 그래서 중요한 것이 학생의 의지입니다.

정찬영 저는 안성 지역의 초등학교에서 6학년들을 지도하고 있는데, 미디어 기기를 다루는 것에 어려움을 느끼는 학생들이 많았어요. 그래서 핸드폰, PC 등 수업에 사용하게 될 미디어에 관해 영상을 제작하여 학기 초에 수업했습니다. 그러나 2학년의 경우 본인의 기기가 없는 학생들도 많아서 저학년 담임선생님들의 어려움이 더 많으셨어요.

최경철 학생보다 교사가 더 어려워하는 경우도 있었습니다. 그리고 반대로 수업을 더 잘하기 위해 여러 가지 기기들을 다양하게 사용하시는 선생님도 계셨어요. 학생들이 따라가지 못해서 어려워하는 경우도 있었습니다.

임호성 교사 입장에서 보면 학생들이 정말 다루지 못하는 것인지, 그런 척하는 것인지 미심쩍은 사례도 있었습니다.

양성혁   저는 코로나 이전에도 다양한 미디어를 활용한 수업을 했어요. 패들렛이나 구글문서 도구를 주로 사용했는데, 말하지 않는 아이들의 의견을 받을 수 있어서 좋았습니다. 물론 이러한 도구가 지닌 단점도 있어요. 줌이나 클래스룸 등의 온라인 미디어의 경우 학생 스스로가 하려는 의지를 보이지 않을 때는 비대면의 한계가 발생할 수밖에 없는 것 같아요.

박찬정   온라인 수업을 하면서 수업 결손에 관한 이야기를 많이 합니다. 그런데 생각해 보면 오프라인 때 없었던 것이 온라인에서 새로 생겨난 것이 아니라 드러난 것이에요. 이전에는 모르는 게 있어도 조용히 있으면 그냥 지나갔지만, 온라인에서는 다 드러난다는 거죠.

임호성   그런 측면에서 보면 줌과 같이 쌍방향 실시간 수업은 학생들의 결손을 확인할 수 있다는 장점이 있습니다. 그래서 아이들과 소통하고 있다고 볼 수 있어요. 하지만 교사가 45분 수업을 모두 구성하고 일일이 확인해야 하는 어려움은 있습니다.

정찬영   초등학교에서는 동일 학년 교사들이 함께 자료를 만들어서 나눈다는 점에서 그런 어려움은 조금 해소되는 것 같습니다.

박점희   사실 오프라인 수업에서는 교사의 지도에 따라 학생의 부족한 점을 확인하고 끌어올릴 수 있는 여지가 있었다면, 온라인 수업의 경우 학생의 자기주도적 학습 능력과 관련이 있다 보니 학습 격차의 문제가 더 크게 드러나는 것 같아요. 그럼 학습과 관련해서 이야기를 이어가 보죠.

Q 학습 진도는 어떻게 하고 계신지 궁금합니다.

양성혁 온라인 수업을 하면서 진도가 더 빨리 나가고 있어요. 오프라인의 경우 수업을 끊는 다양한 학생들로 인해 진도를 나가는 데 어려움이 있었던 반면 온라인에서는 그러한 어려움이 없었습니다.

박찬정 진도를 나가는 데는 큰 문제가 없어요. 영상 콘텐츠는 내용을 압축해서 정리하여 제공하다 보니, 진도에 대한 고민은 문제가 되지 않는 것 같습니다.

임호성 1학기에는 진도를 제대로 맞추기가 어려웠습니다. 온라인과 오프라인을 병행하면서 수업이 왔다 갔다 했고, 온라인수업이 많아지면서 어려움이 있었죠. 하지만 2학기에는 한 번 겪어봐서 진도에 어려움을 느끼지 않고 있습니다.

최경철 주변의 교사를 보면 진도만 빼는 교사와 활동만 시키는 교사로 나눌 수 있는 것 같습니다. 어떤 교사는 진도는 오프라인에서 나가겠다는 생각으로 온라인은 대충 구성하시는 분도 계시고, 학습의 대부분을 학생의 자기주도적 활동에 맡기는 선생님도 계십니다.

정찬영 진도는 빠르게 진행되고 있는 편입니다. 저는 진도는 온라인에서 나가고,

오프라인에서 놀이 형식으로 복습을 진행하고 있습니다. 단어 평가나 마인드 맵 형태가 그러한데요, 주 1회 등교에서 진도를 나가기에는 어려움이 있기 때문입니다.

Q 온라인 수업의 장점도 있을 것 같아요. 오프라인에서는 할 수 없었는데, 온라인에서는 가능했던 좋은 점이 있으셨나요?

정찬영 학교에서는 발표 시간에 말 한마디 못했던 학생이 온라인에서는 부담이 적어서인지 발표를 하는 사례가 있었습니다.

양성혁 맞아요. 학생 주도형 수업에서는 교실이라는 한계가 있어서 발표에 어려움이 있었던 친구들도, 온라인 수업에서는 직접 검색하여 원하는 정보를 찾아 발표하는 모습을 보였습니다.

최경철 저도 비슷한 사례가 있었습니다. '탐색을 해보자' 하면 번개처럼 검색하여 링크를 공유해서 올리는 학생들이 있었어요. 학생들의 새로운 능력을 알게 되었다고나 할까요.

박찬정 오프라인 수업에서는 학생들의 학습 속도에 차이가 있는 경우 사실 부담이 좀 됐어요. 하지만 온라인에서는 빨리 끝낸 학생들에게 다른 것을 할 수 있도록 하니 좋더라고요.

최기영 저도 매우 동의합니다. 초등학교는 교실에서 아이들과 같이 있으면, 수업 시간은 물론 중간에 쉬는 시간에도 학생 관리에 힘써야 하지요. 하지만 온라인 수업에서는 오롯이 수업에 집중할 수 있어서 수업에 대한 고민과 준비를 더 할 수 있었어요.

임호성 오프라인 수업의 경우 30명의 학생들의 수업 상황을 일일이 확인하기 어려운데, 온라인에서는 그게 가능해서 좋았어요.

박점희 맞아요. 하지만 선생님들께서 말씀하시는 수업을 하자면, 교사나 강사가 매우 바쁘게 움직여야 하잖아요. 수업도 진행하고, 학생들과 소통도 해야 하고, 결과물도 일일이 확인해야 하잖아요. 그래서 어떤 분들은 할 일이 너무 많다는 반응을 보이시며 이런 수업은 피하시더라고요.

Q 수업을 원활하게 진행하기 위해서, 온라인 수업을 구성할 때 가장 중점을 두어야 할 것이 있다면 무엇일까요?

박찬정 수업에서 가장 중점을 두는 것은 학생들의 학습 활동입니다.

최기영 저도 기본적으로 온라인이든 오프라인이든 방식에 차이가 있을 뿐, 실제로 학습이 일어나도록 하는 데 중점을 둡니다. 다만 학교라는 공간에서 배우게 되는 구성원 간의 관계성이나 협력, 그리고 학습 태도와 같은 정의적 영역은 오프라인 수업과 똑같이 진행하기는 어려워서, 온라인 수업을 위해 일정 부분 따로 구성하고 있습니다.

최경철 온라인과 오프라인 수업이 다르지 않도록 노력합니다. 과학이다 보니 판서를 하며 수업을 진행하거나 지필평가와 같은 방식으로 수업의 간극을 줄이고 있습니다.

정찬영 저도 최경철 선생님과 비슷합니다. 온라인 수업과 교실에서 하는 수업이 같도록 노력합니다. 그래서 오프라인과 같이 온라인 수업이 끝나기 전에 배움 공책 한 쪽을 정리하여 제출하도록 하고 있습니다. 학생들이 익숙하지 않아서 어려워하기도 하지만 꾸준히 피드백을 통해 어렵지 않도록 지도합니다. 그리고 온라인에서도 모둠 활동을 진행하고 있습니다. 대신 조를 매번 바꾸거나 하는 부담을 덜기 위해, 가능하면 모둠은 그대로 유지하는 편입니다.

양성혁 에듀테크를 사용하기만 해도 뭔가 다르다는 평가를 받습니다. 그런데 이제는 모두가 사용해야 하는 시대가 온 거죠. 그래서 저는 교육과정의 기준을 원격수업 속에 어떻게 살려서 전달할 수 있을까를 고민합니다.

임호성 영어라는 과목의 특성상, 콘텐츠를 간결하고 정확하게 전달할 방법과 효율적으로 확인하는 방법을 고민합니다. 그래서 성취 기준을 어떻게 잡을 것인가에 대한 고민이 많고, 성취 기준을 얼마나 달성했는지를 확인하는 방법을 찾고자 노력하고 있습니다.

박점희 맞아요. 저는 오프라인에서 게이미피케이션 수업과 보드게임을 접목한 수업을 진행했었는데요, 온라인에서는 쉽지 않더라고요. 사실 이러한 수업을 진행하는 이유는, 수업이 지루하지 않으면서 교육 효과를 높이기 위함이잖아요. 박찬정 선생님께서 말씀하셨던 활동도 그렇고, 임호성 선생님께서 말씀하신 성취 기준의 달성을 확인하는 것도 그러한 측면인 것 같아요. 그런데 온라인에서는 쉽지 않더라고요. 그래서 온라인 게임을 만들어야겠다는 생각도 했답니다. 그리고 또 하나 중점을 두는 것은 저작권이에요. 저는 미디어 리터러시를 가르치다 보니, 뉴스, 드라마 등의 미디어를 사용하기도 하거든요. 선생님들은 저작권과 관련하여 어떻게 하고 계신지 궁금합니다.

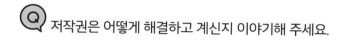

Q 저작권은 어떻게 해결하고 계신지 이야기해 주세요.

양성혁 걸리면 문제가 될 거라고는 생각하지만 학교는 크게 고민하지 않아요.

박찬정 교과서와 같은 출판사의 자료를 많이 사용하는 편입니다. 교사의 방심이기도 하겠지만, 수업 목적 달성을 위한 협조를 해주지 않을까 하는 측면에서 그냥 사용하고 있습니다.

양성혁 사실 정보부장 선생님께서 저작권과 관련된 공문을 계속해서 보내주고 계십니다만, 전체를 알고 하기는 쉽지 않아요.

임호성 제가 정보부장이라 공문을 많이 받습니다. 그런데 사실 교사가 모두 인지하기란 쉽지 않죠.

최경철 맞아요. 사실 지금까지는 교육을 목적으로 하는 경우, 저작권에 대한 잣대가 관대한 편이었습니다. 그래서 교사들이 저작권에 대한 이해도가 현실적으로 낮은 편이죠. 하지만 우려가 되는 것은 분명 있습니다. 교사들의 저작권 침해 소송을 준비하기 위해 기다리고 있는 이들이 있다는 이야기도 있으니까요. 허위정보일 수도 있겠지만요.

박점희 다행인 것은 교육을 목적으로 하는 경우 '① 수업을 하는 교사와 학생만 접근 가능, ② 복제 방지 조치(마우스 우클릭 금지, 녹화 프로그램 방지), ③ 저작권 보호 경고 문구 작성, ④ 전송에 대한 보상금 산정 장치 설치'에 대해서 신경 쓰시면 되는데, ① ②는 온라인 클래스 프로그램에서, ④의 경우는 초중고 교과서 출판사에서 해결하고 있으므로, ③에 대해서만 주의하시면 됩니다. 즉 "무단 복제, 배포, 전송하는 경우 저작재산권 침해 죄에 해당하며 저작권법에 의거 법적 조치에 처해질 수 있습니다"라는 문구만 삽입하시면 됩니다. 그렇다고 안심하고 타인의 영상 전체를 사용하시면 저작권 위반에 해당하여 문제가 될 수 있으니 주의하셔야 합니다.

Q 온라인 영상 제작 노하우에는 어떤 것이 있을까요?

박점희 제가 논문 작성을 위해 선생님들을 대상으로 '2020년 1학기에 실시한 온라인 수업 방법'을 여쭤봤는데, 영상을 제공한 경우가 많더라고요. 사실 저나 주변의 강사님들도, 1학기에는 대부분 학교에서 영상을 만들어 업로드하는 방식을 가장 선호하셨어요. 선생님들은 어떠셨어요?

박찬정 교사들도 초기에는 영상 제작 중심으로 진행했었죠. 사실 오래가지 않을 거라고 생각했던 부분도 있지만, 줌과 같은 실시간 수업까지 생각하기엔 너무나 급하게 결정된 사항이라서 영상을 선택하기도 했지요.

최경철 초반에는 영상을 많이 제작하셨지만, 유튜버들처럼 제작하려다 보니 시간도 많이 걸리고, 그렇다고 대충 만들자니 여러 가지 문제들이 고민되어서 많은 선생님들께서 실시간 수업으로 돌아서셨죠.

박점희 설문해 주셨던 선생님들의 응답에서도 실시간 수업 도구의 사용이 1학기에 비해 2학기에 많이 늘었더라고요. 하지만 영상 제작 사용률은 꾸준히 높은 편이었어요. 영상 제작을 위한 노하우는 어떤 것이 있을까요?

박찬정 초기에 영상 제작이 어려웠던 것은, 영상의 길이가 길었기 때문이 아닐까 싶어요. 선생님들 대부분이 설명형의 영상을 30분 정도 길이로 제작하시

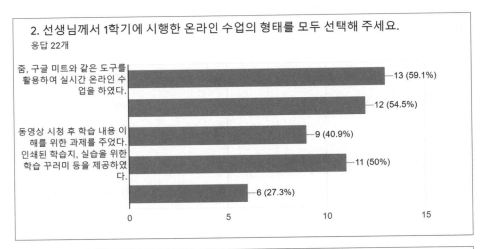

2. 선생님께서 1학기에 시행한 온라인 수업의 형태를 모두 선택해 주세요.
응답 22개

줌, 구글 미트와 같은 도구를 활용하여 실시간 온라인 수업을 하였다. — 13 (59.1%)

12 (54.5%)

동영상 시청 후 학습 내용 이해를 위한 과제를 주었다. — 9 (40.9%)

인쇄된 학습지, 실습을 위한 학습 꾸러미 등을 제공하였다. — 11 (50%)

6 (27.3%)

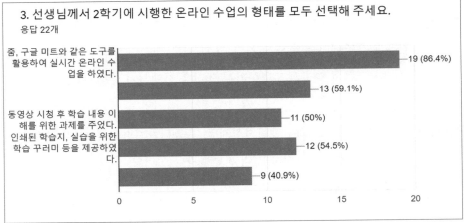

3. 선생님께서 2학기에 시행한 온라인 수업의 형태를 모두 선택해 주세요.
응답 22개

줌, 구글 미트와 같은 도구를 활용하여 실시간 온라인 수업을 하였다. — 19 (86.4%)

13 (59.1%)

동영상 시청 후 학습 내용 이해를 위한 과제를 주었다. — 11 (50%)

인쇄된 학습지, 실습을 위한 학습 꾸러미 등을 제공하였다. — 12 (54.5%)

9 (40.9%)

더라고요. 영상을 찍는 과정을 나열해 보면 다음과 같습니다.

'30분짜리 영상을 만들기 위한 파워포인트 등의 준비 – 녹음 또는 영상 찍기 – 영상 편집하기 – 영상 확인'

순서로만 보면 간단해 보이지만 시간으로 보면 30분을 강의하기 위해 1시간 이상을 소요하고, 30분 영상을 NG 없이 가기 어려우니 또 1시간 이상을 소요하고, 그리고 30분짜리 편집하는 데 기본적으로 1시간 이상의 시간이 필요하고, 최종 확인을 위해 다시 30분의 시간이 필요하죠. 이렇게만 하더라도 3시간 30분이 소요됩니다.

정찬영 중고등학교 선생님들께서는 전담 과목이 있으시지만, 초등의 경우 여러 과목을 제작해야 하다 보니 어려움이 있습니다. 그래서 e클래스를 많이 활용하기도 하고, 동 학년 선생님들과 의논하여 분담을 하기도 합니다. 저희 학교와 같이 학급이 적은 경우에는 어려움이 더 많아요. 그래서 멋진 편집에 대한 고민은 덜어내는 편입니다.

최경철 사실 교사가 해야 할 일은 잘 가르치는 것이죠. 그래서 유튜버와 같이 멋진 영상을 만들어야 한다는 부담은 덜어냈으면 좋겠어요. 물론 교사들 중에 시간을 적게 들이고도 영상 제작을 잘하시는 분도 계시겠죠. 하지만 모두가 그런 것은 아닐 테니, 본분을 더 중요하게 여기면 좋겠습니다. 이는 학부모님들께도 요청을 드리고 싶은 부분이에요. 영상 제작 스킬로 강의 평가를 하지 않으셨으면 좋겠어요.

양성혁 필요하다면 e-학습터의 영상을 사용하는 것도 좋은 방법이라고 생각합니다. 그리고 나홀로 줌 안에서 수업을 하고 그것을 저장하면 수업 영상을 간단하게 만들 수 있습니다. 교사에게 필요한 것은 화려함보다 쉽게 사용할 수 있는 부분 같습니다.

임호성 저도 많이 제작했어요. 그러면서 느끼는 것은 '원칙은 만든 사람이 편해야 한다. 그렇지 않으면 오래가지 않는다'입니다. 특히 45분 수업을 위해 45분 꽉 차게 제작할 필요가 없다고 생각합니다. 온라인 상황에서 가르치고자 하는 핵심 내용만 간단히 담으면 좋을 듯합니다. 그래서 영상은 15분 내로 하는 것이 좋습니다. 자료 역시 화려한 PPT가 아니라 개념 정리된 한글 파일 등으로 부담 없이 만들어도 좋습니다.

정찬영 저는 단원이 끝날 때마다 마인드맵으로 정리하며 영상을 제작합니다. 편집은 최소화하고 있죠.

박점희 사실 영상을 제작하는 강사들은 시간과 영상을 보다 간편하면서도 제대로 만드는 것에 대한 고민이 있습니다. 어떤 중학교는 45분 꽉 채운 영상을 원하시기도 하고, 또 어떤 학교는 20분 내외를 요청하시고, 다른 사례로는 2교시를 합쳐서 15분을 요청하시기도 합니다. 그러다 보니 기준을 잡기가 애매하더라고요. 물론 학교의 요청에 맞추는 것이 맞겠지만요. 선생님께서 15분을 이야기하시는 근거는 무엇인지요?

임호성 온라인이 아니라 오프라인 수업을 돌아보면 답이 있습니다. 중학교의 경우 1교시가 45분으로 구성되어 있고, 교사의 설명과 학생들의 활동으로 진행됩니다. 여기에 출석에 해당하는 앞머리와 정리나 과제 제시 등에 해당하는 꼬리를 떼어내면 40분이 되고, 교사의 설명과 학생의 활동이 반반 이루어진다고 보면 교사의 설명은 20분을 넘지 않아야 합니다. 그런데 학습자가 모니터 앞에서 혼자 듣고 있어야 한다는 점을 감안하면 15분 정도가 적당하다고 보는 거죠.

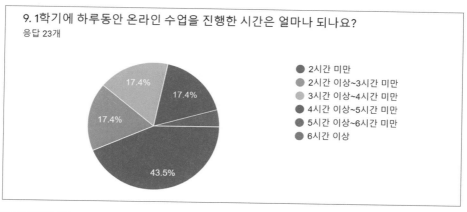

9. 1학기에 하루동안 온라인 수업을 진행한 시간은 얼마나 되나요?
응답 23개

- ● 2시간 미만
- ● 2시간 이상~3시간 미만
- ● 3시간 이상~4시간 미만
- ● 4시간 이상~5시간 미만
- ● 5시간 이상~6시간 미만
- ● 6시간 이상

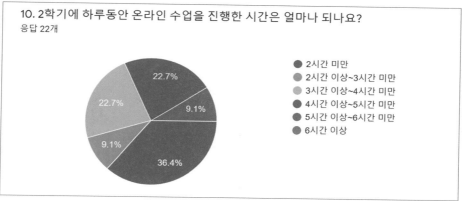

10. 2학기에 하루동안 온라인 수업을 진행한 시간은 얼마나 되나요?
응답 22개

- ● 2시간 미만
- ● 2시간 이상~3시간 미만
- ● 3시간 이상~4시간 미만
- ● 4시간 이상~5시간 미만
- ● 5시간 이상~6시간 미만
- ● 6시간 이상

박찬정 저도 영상 제작은 핵심만 짧게 3~5분 정도로 제작하고, 필요에 따라 그 것을 이어서 사용하는 것이 좋다고 생각합니다. 그리고 학생들의 시선을 사로잡아야 하고, 수업 내용은 정확하게 전달되어야 한다는 점에서 광고처럼 구성하면 좋겠다는 생각도 합니다. 학생들이 보기에 몰입할 수 있을 정도로 재미가 있어야 영상을 보게 되고, 그래야 교육이 되니까요. 그래서 생각해 보면 깔끔한 편집의 영상이 아니라 콘텐츠를 어떻게 전달할 것인가를 고민해야 할 것 같습니다.

양성혁 이전에 거꾸로 수업이 유행하던 때가 있었어요. 영상을 기반으로 하는 이 수업을 진행하셨던 선생님들께서는 당연히 영상을 더 잘 만드실 수 있을 거예요. 하지만 앞의 선생님들 말씀처럼 편집이 멋진 영상이 아니라, 잘 전달할 수 있는 영상이어야 합니다.

Q 마지막으로 수업 중에 고민하셨던 부분이나 더 하고 싶은 이야기를 말씀해주세요.

최경철 수학이나 과학은 판서하는 형태로 진행하는 경우가 많아요. 그런데 온라인은 그게 자유롭지 않거든요.

임호성 영어도 그런 편입니다. 영어는 말하기, 듣기, 읽기, 쓰기로 진행되는데, 한 가지 도구만 가지고는 다양한 수업을 하기 어려웠어요. 그래서 듣기나 말하기와 같이 소통이 필요한 수업과 읽기와 쓰기를 분리하여 다르게 진행해야겠더라고요.

양성혁 사회는 답이 없는 외부의 정보를 자기 것으로 만드는 과목이에요. 그래서 학생들이 조사한 내용을 정리할 도구가 필요하더라고요. 하루 종일 줌으로 수업하는 것에 대해, '아이들이 힘들다'는 항의가 있어서, 패들렛이나 구글 문서 등을 함께 사용해야겠더라고요. 앞의 두 선생님과 같이 과목에 맞는 학습 방법과 도구를 찾는 것이 필요한 듯합니다.

정찬영 온라인 실시간 수업의 경우 스마트폰이나 태블릿으로 접속하는 학생들이 많은 편입니다. 그런데 2시간 이상 사용하면 발열 등의 문제가 생겨요. 그래서 아이들이 불안해하면서 '언제 끝나요?'를 묻거나, 학부모 항의가 있기도 해요. 그러다 보니 실시간 수업만이 정답은 아닌 것 같습니다. 하지만 과제형으로 혼자 하다가 줌에서 함께 모이니, 학생들은 함께한다는 것만으로 아주 좋아했습니다. 특히 얼굴을 보면서 모둠 활동을 하니까 좋았다고 이야기하더라고요. 줌과 영상을 어떤 비율로 활용해야 할지 고민입니다.

박찬정 단원이나 상황에 맞는 수업을 하는 것이 맞는 것 같습니다. 교사마다 가르치는 것이 다른데, 한 가지로 통일한다는 것이 어려움이 있지 않을까 생각합니다.

최기영 저는 코로나19의 상황이 우리의 사회적 문제를 가속화하고 드러냈다고 생각해요. 먼저 학습의 주도권이 완벽하게 학생에게 넘어갔다고 생각해요. 이미 눈치채고 있었던 사람들이 많을 터인데 명확하게 안 했을 뿐이라고요. 강제적으로 학습시키는 상황은 지나간 것 같아요. 이러한 관점은 앞으로 학생들에게 제공해야 할 교육 내용과 방식이 달라져야 한다는 것을 의미합니다. 두 번째는 교육의 양극화예요. 학생들의 수준 차가 점점 더 벌어질 것이라는 점은 쉽게 예상할 수 있었어요. 가정의 경제적 요인이든, 부모의 정서적 지원이든, 학생 내부 요인이든 말이죠. 최상위 학생은 온라인 학습으로 인하여 필요한 능력을 더 개발할 여지와 선택지가 늘었지만 하위권 학생은 기본 학습마저 위협받게 될 거예요. 앞으로 기초 학력 문제가 공교육에서는 가장 골치 아픈 문제가 될 가능성이 높습니다.

박점희 온라인 수업으로 인해 더욱 확실해진 것은 '학습은 학습자가 주도적으로 해야 한다'는 것이라고 봅니다. 자기 삶의 문제를 능동적으로 이해하고 창의적으로 해결해 나가는 문제 해결 중심의 교육을 지향하는 것도 그 때문이겠지요. 그러한 점에서 교육이 어떻게 변화되어야 하는지에 대해, 학생들이 갖춰야 할 핵심 역량과 연계해서 더 고민해 봐야 할 것 같습니다.

2015년 개정 교육과정에 제시된 핵심 역량 6가지

출처: 교육부(2015). 개정 교육과정 총론.

과목별 블렌디드 러닝
실전 가이드 북

초판 1쇄 인쇄 2021년 10월 8일
초판 1쇄 발행 2021년 10월 18일

지은이 박점희 · 박찬정 · 양성혁 · 임호성 · 최기영
펴낸이 이범상
펴낸곳 (주)비전비앤피 · 애플북스

기획 편집 이경원 차재호 김승희 김연희 고연경 박성아 최유진 황서연 김태은 박승연
디자인 최원영 이상재 한우리
마케팅 이성호 최은석 전상미 백지혜
전자책 김성화 김희정 이병준
관리 이다정

주소 우)04034 서울시 마포구 잔다리로7길 12 (서교동)
전화 02)338-2411 | **팩스** 02)338-2413
홈페이지 www.visionbp.co.kr
인스타그램 www.instagram.com/visioncorea
포스트 post.naver.com/visioncorea
이메일 visioncorea@naver.com
원고투고 editor@visionbp.co.kr

등록번호 제313-2007-000012호

ISBN 979-11-90147-72-9 13370

도서에 대한 소식과 콘텐츠를
받아보고 싶으신가요?